Grundlegende Beziehungen sind aus dem Gleichgewicht geraten. Es gibt einiges zu klären. Denn nur, wenn wir jetzt zusammenkommen und die richtigen Entscheidungen treffen, haben wir auch in Zukunft noch eine Wahl. Was muss passieren, damit wir die Veränderungen selbst in der Hand behalten? Wie kann es gelingen, Jung und Alt, Mann und Frau, Stadt und Land nicht gegeneinander auszuspielen, sondern zusammenzudenken? Gibt es Freiheit ohne Nachhaltigkeit? Aktivistin und Chefredakteur, Studentin und Familienvater, Millennial und Boomer – Luisa Neubauer und Bernd Ulrich haben je eine andere Sicht auf die Klimakrise, das Artensterben, den erstarkenden Populismus und die Freiheit der Späterlebenden. Ein überfälliges Klärungsgespräch zwischen zwei Generationen und die Analyse einer Welt, in der Ökologie nicht bloß ein Thema unter vielen ist, sondern Ausgangspunkt von allem.

LUISA NEUBAUER, geboren 1996 in Hamburg, ist eine der Hauptorganisator:innen von Fridays for Future. 2018 lernte sie bei der UN-Klimakonferenz die schwedische Schülerin Greta Thunberg kennen. Die Geographie-Studentin lebt in Göttingen und Berlin. Zuletzt erschien von ihr und Alexander Repenning *Vom Ende der Klimakrise* (2019). Seit 2020 hostet sie den Klima-Podcast *1,5 Grad*.

BERND ULRICH, geboren 1960 in Essen, ist stellvertretender Chefredakteur der *ZEIT*. Für seine journalistische Arbeit erhielt er 2013 den Henri-Nannen-Preis und 2015 den Theodor-Wolff-Preis. Zuletzt erschienen von ihm: *Guten Morgen, Abendland* (2017) und *Alles wird anders* (2019).

Luisa Neubauer
Bernd Ulrich

NOCH HABEN WIR DIE WAHL

Ein Gespräch über Freiheit, Ökologie
und den Konflikt der Generationen

TROPEN SACHBUCH

www.cpi-print.de/umwelt

Tropen
www.tropen.de
© 2021 by J. G. Cotta'sche Buchhandlung
Nachfolger GmbH, gegr. 1659, Stuttgart
Alle Rechte vorbehalten
Redaktionelle Bearbeitung: Katrin Blum
Illustration Goldregenpfeifer: © Climate Justus
Cover: Zero-Media.net, München
unter Verwendung zweier Fotos von © Axel Martens, Hamburg
Gesetzt von C.H.Beck.Media.Solutions, Nördlingen
Gedruckt und gebunden von CPI – Clausen & Bosse, Leck
ISBN 978-3-608-50520-7
E-Book ISBN 978-3-608-11716-5

Bibliografische Information der Deutschen Nationalbibliothek
Die Deutsche Nationalbibliothek verzeichnet diese Publikation in der
Deutschen Nationalbibliografie; detaillierte bibliografische
Daten sind im Internet über http://dnb.d-nb.de abrufbar.

INHALT

VORWEG

Fangen wir mit den drei Warums an:
Warum noch ein Buch über das Klima? Warum ein Buch aus einem Gespräch heraus? Warum wir zwei?

Das letzte zuerst: Offenkundig kommen wir aus zwei Welten, unsere wichtigste Gemeinsamkeit heißt: »irgendwas mit Klima«. Ansonsten sind unser Alter, unser Geschlecht, unsere Ausbildung und unsere Rollen doch ziemlich verschieden. Bernd ist *as Boomer as it gets*, stellvertretender Chefredakteur der Wochenzeitung *DIE ZEIT*, Kind des Ruhrgebietes, verstrickt in hochproblematische Institutionen (Schalker und dann auch noch katholisch), fünffacher Vater und bei unseren Gesprächen Spree-auf, Spree-ab ist er unhöflicherweise konsequent pünktlich. Luisa hingegen steigt zuverlässig sieben Minuten zu spät vom Rennrad, ist im Hamburger Westen aufgewachsen, wundert sich im Geographiestudium, wie alle so ruhig bleiben können, wenn es um die Lebensgrundlage der Menschheit geht, und ist nicht nur gleichzeitig Millennial und Generation Z, sie ist vor allem Teil der Generation Klima. Mit ihr wurde Klima-Aktivistin zum Hauptberuf, der einzige Beruf, der das Ziel verfolgt, sich selbst abzuschaffen.

Bei den Zwiegesprächen über die Zukunft des Klimas nach der Pandemie stellte sich dann aber heraus: Unsere Verschiedenheit ist mitunter durchaus komplementär. Bernds Weltbild ist geprägt von der Tragödie des 20. Jahrhunderts, er denkt sozusagen von der Katastrophe vorwärts. Bei Luisa ist es umgekehrt: Sie denkt von der möglichen künftigen Katastrophe rückwärts. Wie kann man sich da begegnen, emotional und intellektuell? Was muss man lernen, was verlernen? Und was passiert, wenn man wirklich ins Gespräch kommt? Darum soll es hier gehen, um diese neue Welt zwischen Klimakrise und Sinnkrise, Methan-Emissionen und Männlichkeit, Freiheit und Prävention.

Natürlich sind wir auch in Streit geraten, über die Rolle der Medien etwa – wie sollte es anders sein bei einer Klima-Aktivistin und einem Journalisten –, über die Frage, welche Schuld die Boomer haben (eine große) und wie selbstgefällig die Generation Z ist (so ziemlich), oder über die Bedeutung der Freiheit, gestern und morgen. Das Leben in fossiler Verstrickung, das wir alle führen müssen, bringt Menschen schnell gegeneinander auf, auch uns beide.

Vom Standpunkt eines Klimaleugners oder Krisenverharmlosers oder Klima-nicht-so-mein-Thema-Menschen sind alle, die Ökologie für ein fundamental dringliches Jahrhundert-Thema halten, irgendwie gleich. Aber das stimmt natürlich nicht. Gerade weil die existenzielle Krise im Verhältnis von Mensch und Natur so umfassend ist, weil sie fast alles durchdringt, ist »fürs Klima sein«, etwa so spezifisch wie »Demokratie gut finden«.

Ja, wir beide sind »fürs Klima«. Wenn man aber genau hinguckt, tut sich ein ganzer Kosmos an Verschiedenheiten auf: Warum ist die ökologische Krise so gekommen, wie sie gekommen ist? Was haben die Älteren den Jüngeren da angetan? Welchen Umgang können die Jüngeren damit jetzt finden? Wie soll eine postfossile, post-destruktive Welt aussehen? Wie kann ein Freiheitsverständnis des 21. Jahrhunderts aussehen?

Wir waren überrascht, wie oft wir in unseren Gesprächen etwas gemeinsames Neues gefunden haben, etwa, dass es uns beiden nicht in erster Linie um das Klima geht, sondern um die Freiheit. Oder wie wir zwischen Hoffnung und Resignation, Trauer und Zweifel schwanken, vermutlich unvermeidlich, wenn man sich so intensiv mit dem Zustand der Natur beschäftigt, wie wir beide das täglich tun.

Und warum ein Gesprächsbuch und kein gemeinsamer Text? Weil zwei Personen, die in so verschiedenen Rollen unterwegs sind, nicht einfach so einen Text zusammen schreiben können. Unsere Sprache ist übrigens auch sehr verschieden, aber, hey, das müssen wir wohl nicht groß ausführen.

Dialog bedeutet, sich gegenseitig beim Denken zu helfen, sich streitend fortzubewegen, eine Art Provisorium des Fundamentalen zu schaffen. Denn auf vielfältige Weise fundamental ist dieses Jahr ohne Frage.

Kommen wir zur dritten Frage: Warum überhaupt ein weiteres Buch über das Klima und die Ökologie? Vordergründig bewegen wir uns auf eine sehr besondere Bundestagswahl zu. Die meisten Parteien haben sich auf eine 1,5-Grad-Politik verpflichtet, aber wie ernst kann man das nehmen? Nehmen sie selbst wenigstens das Urteil des Bundesverfassungsgerichts ernst, das – rechtzeitig zu Beginn des Wahlkampfes – der Freiheit und Zukunft der jungen Generationen Verfassungsrang eingeräumt hat? Klar ist, dass es nicht mit den gleichen Methoden von Politik weitergehen kann. Aber kennt dieses Land überhaupt eine andere als die Methode Merkel? Schließlich: Was heißt es, Wahlen unter geophysikalischem Hochdruck abzuhalten, wohl wissend, dass die Gesellschaft unter beispiellosem ökologischen Zeitdruck steht, und jede Entscheidung gegen die Zukunft eine Entscheidung gegen die Wahlfreiheit an sich ist? Noch haben wir die Wahl. Noch.

Zusätzlich ist seit Anfang 2020 unfassbar viel passiert, die Abwahl von Donald Trump zum Beispiel und damit einhergehend neue Klima-Zusagen von jenseits des Atlantiks. Wir haben die ökologische Krise als Gesundheitsgefahr kennengelernt, es stehen neue soziale Fragen im Raum und eine Reihe planetarer Kipppunkte sind näher als je zuvor. Heute sprechen wir beide von einer dreifachen ökologischen Krise: Pandemien, Artensterben und die Erderhitzung. Alle drei Krisen haben sich verschärft, weswegen sich auch die Gegenmaßnahmen verschärfen müssen. Wie geht das demokratisch?

Corona hat viele dieser offenen und teils neuen Fragen im öffentlichen Diskurs überlagert, Debatten blieben also ungeführt, Argumente unausgetauscht, Analysen auf der Strecke. Dieses Buch ist gewissermaßen auch ein Wiederaufnehmen, Nachholen, Weiterführen einer überfälligen Debatte, in einer Republik, die Stück für Stück aus der Pandemie erwacht. Es ist eine Intervention, aber eben als Gespräch konzipiert und damit eine Einladung zum Mitdenken, zum Mitleiden und Mitfreuen.

Und wenn es dafür gut sein sollte, wenn es etwas taugt, dann nicht zuletzt wegen des Menschen, der zwischen uns vermittelt hat, der Anstöße gegeben hat, wenn wir uns im Kreis drehten. Helge Malchow hat unser Gespräch moderiert. Er ist der dritte Mensch in diesem Buch, wir danken ihm herzlich.

Und natürlich, nach dem Gespräch ist vor dem Gespräch. Hoffentlich bald wieder live – und besser regiert.

Eins noch: Warum wird hier gegendert und geduzt? Weil Luisa es so wollte. Der Ältere gibt nach.

1. PLÖTZLICH ÖKO? VON WEGEN! ÜBER DIE WIDERSPRÜCHE ZWEIER LEBEN

Leben im Ruhrgebiet und an der Elbe – Öko – Abirrung, Renaissance – Steinkäuze und Bio-Äpfel

BERND Die Menschen, die ich treffe, frage ich seit einiger Zeit immer nach ihrer Öko-Biografie, also danach, wie Natur und Naturzerstörung in ihr Leben eingezogen sind, das ist meist sehr aufschlussreich. Ein Minister, den du auch kennst, hat mir mal gesagt, er möge Naturlandschaften schon sehr, aber am liebsten, wenn in der Mitte ein Renaissance-Schlösschen steht. Das war entwaffnend ehrlich. Vielleicht sollten wir auch mit unseren Öko-Biografien anfangen.

LUISA Gar nicht so blöd, am Ende denken die Menschen noch, dass du und ich als Ökos vom Baum gefallen sind.

BERND Genau, hat ja alles eine Vorgeschichte.

LUISA Okay, fang du an, deine Geschichte ist ja ein klitzekleines bisschen länger.

BERND Ich bin in den 60er- und 70er-Jahren im Ruhrgebiet aufgewachsen, da hat man ja sofort die ganze Spannbreite von Produktivität und Destruktivität.

LUISA Aber so hättest du das damals sicher nicht gesagt.

BERND Bestimmt nicht. Als Kind findet man ja erst mal alles normal. Mir war zunächst nicht bewusst, wie sehr das Ruhrgebiet im Krieg zerstört worden war. Die vielen, rasch hochgezogenen Gebäude, die ganze Hässlichkeit der Städte, all das kam mir lange gar nicht hässlich vor. Tatsächlich gehörten Fabriken, Fördertürme und Fußballstadien zu den schönsten Gebäuden.

LUISA Von welcher Stadt sprechen wir?

BERND Ich bin im Norden von Essen geboren. Da regnete es damals noch abwechselnd schwarz und gelb vom Himmel, Kohle und Schwefel. Trotzdem haben die Menschen dort ihre Wäsche zum Trocknen rausgehängt, was sollten sie auch machen?

Wir sind dann bald in den Essener Süden gezogen, da sah es besser aus. In der Pubertät wurde mir dann langsam klar, dass das alles doch nicht normal ist, ich fing an, mich für Ökologie und Ornithologie zu interessieren. Wir haben Steinkäuze gezählt, uns für den Erhalt und die Pflege von Kopfweiden eingesetzt und solche Sachen. Gleichzeitig habe ich in den Ferien oft auf dem Bau gearbeitet, viel gepflastert und geteert. Zehn Mark Stundenlohn und endlich eine eigene Stereoanlage. Wie viele andere auch hatte ich in der Verwandtschaft Bergleute und Bauern. Diese ewig hustenden Bergleute, die haben mich als Kind schwer beeindruckt und erschreckt, irgendwie haben die sich schon aufgeopfert für den Wiederaufbau.

LUISA Aber es war nicht die Kohlekraft mit ihren Emissionen, die dich ökologisch politisiert hat, wie mich, 40 Jahre später?

BERND Nein, Emissionen waren kein Thema, eine Schütte Eierkohlen vier Stockwerke in die Wohnung hochtragen war ein Thema. Aber ich war in den 70er- und 80er-Jahren engagiert in der Anti-AKW-Bewegung, setzte mich für Naturschutz ein und landete sogar für ein paar Jahre bei den Grünen.

LUISA Ach really, kann ich kurz was einwerfen?

BERND Bitte doch, ist es was Witziges?

LUISA Nur eine Beobachtung, die mich manchmal zum Schmunzeln bringt: In fast jedem Gespräch, das ich mit Vertreter:innen deiner Generation führe, allen voran den politischen, kommen wir an einen Punkt, an dem sie von ihrem Engagement für Umwelt oder gegen AKWs in den 80ern berichten. Ich habe lange nicht ganz verstanden, warum das so ein Ding war. Ich freue mich natürlich zu hören, was unsere Gesprächspartner:innen vor 30, 40 Jahren so gemacht haben, aber wenn wir dann in aufwendig vorbereiteten Gesprächsrunden oder auf Podien sitzen und sagen: »Hallo, wir würden gerne über Ihren CO_2-Preis sprechen, der ist nämlich wissenschaftlich gesehen nicht vereinbar mit unserem verbleibenden CO_2-Budget von weniger als 8 Gigatonnen«, und die Antwort ist: »Aha, also als ich in Ihrem Alter war, da war ich ja auch in der Friedens-/Umwelt-/Anti-AKW-Bewegung, und lassen Sie mich kurz erzählen, wie das damals war ...«, dann macht das etwas stutzig. Mittlerweile erkläre ich mir diesen großen Drang, von damals zu berichten, auch mit dem Bedürfnis sich darüber hinweg zu helfen, dass zwischen damals und heute einfach lange, lange Zeit überhaupt nichts Angemessenes unternommen wurde, um die Eskalation der Klimakrise zu verhindern.

BERND Hoffentlich werde ich noch alt genug, um zu erleben, was du in deiner kritischen Lebensphase zwischen 2030 und 2045 so machst, dann sprechen wir uns noch mal. Aber du triffst schon einen Punkt. Nach meinem besagten

Engagement habe ich tatsächlich für eine ganze Weile irgendwie den ökologischen Faden verloren. Und damit war ich nicht alleine. Das war vor allem zwischen 2000 und 2015, ich nenne es meine Volvo-Phase. Natürlich blieb ich ökologisch bewusst, war immer mal wieder Vegetarier, aber unter dem Strich habe ich meinen eigenen sozialen Aufstieg schon mit ziemlich viel Konsum ausstaffiert: Auto, zu viel Kleidung, phasenweise Fleischkonsum, Flugreisen. Normal könnte man es nennen, wenn das Wort mittlerweile nicht so bitter schmecken würde.

LUISA Und politisch?

BERND Ja, das ist ein spannender Punkt. In der Zeit konnte man sich einreden, dass es ökologisch doch irgendwie läuft. Das Ruhrgebiet wurde grün, und die Klimakanzlerin kam von der CDU, also der Partei, die uns früher immer die Polizei-Hundertschaften geschickt hat, wenn wir in Brockdorf demonstriert haben. Ich war ein bisschen gerührt, wie sich alles fügte. Genauer, ich wollte gerührt sein. Denn im Augenwinkel sah ich schon ganz genau, was der Preis für diese ökologische Schein-Harmonie war, zwischen den Ökos und der CDU, zwischen meinem privaten Konsum und der Umweltpolitik von Schwarz-Rot.

LUISA Verfehlte Klimaziele, Artensterben auch in Deutschland, Flächenversiegelung, Bodendegradation, Danke bestens.

BERND So etwa. Ab 2015 setzte eine Art Renaissance meiner frühen persönlichen Ökologie ein. Ich wusste einfach zu viel, um dauerhaft zu verdrängen, was geschah. Privat habe ich angefangen zurückzubauen: Autos immer kleiner, vegane Ernährung, ökologisch akzeptable Kleidung und so weiter. Auch hier fügte sich dann wieder etwas: Als Journalist habe ich mich mehr mit Ökologie beschäftigt, und siehe da: Es war wirklich spannend und schloss mir die Politik noch einmal neu auf. Dennoch war es kein »back to the roots«. Denn das würde das Traurige und Tragische dabei unterschlagen. Heute gibt es zum Beispiel viel weniger Vögel als damals in den 70ern. Viel mehr Fläche ist »verbraucht«, und ich habe es mitverursacht durch meinen Lebensstil. Das geht mir nach. Und nun du!

LUISA Okay, ich bin 1996 geboren, wir springen also in die Nullerjahre. Ich bin im privilegierten Setting im Hamburger Westen, in Iserbrook, mit meinen drei Geschwistern und meinen Eltern in einem – damals noch weniger politisch aufgeladenen – Einfamilienhaus aufgewachsen. Ich hatte es sehr, sehr gut, das kann man nicht anders sagen. Ein Schwarzbrot-in-die-Schule-Haushalt, die Äpfel kamen aus dem Alten Land und Cini Minis wurden mit Haferflocken gemischt. Meine Eltern waren politisch, meine Mutter auch immer wieder aktivistisch, sie waren informiert, auch punktuell missionierend, sie waren umweltbewusst, aber es war in meinen Augen eine Art von Umweltbewusstsein, dem vor allem meine Mutter mit Bio-Obst, Fahrradbegeisterung, der *taz* und Wanderurlauben begegnet ist, ohne das Gefühl, man müsste sich darüber hinaus großartig sorgen. Es wurde sich schon eingemischt, man sorgte dafür, dass der Schulweg für Kinder sicherer, dass das Schulessen gesünder und Klassenreisen bezahlbar wurden. Das ist der Grund, warum ich Engagement als etwas sehr Normales kennengelernt habe. Existenziell waren all diese Projekte aber nie. Sie haben beide hart gearbeitet, in ihrem eigenen Altersheim. Heute nennt man das systemrelevant, damals schien es vor allem aufreibend. Sie haben meine Geschwister und mich auf gute Schulen geschickt, fanden Engagement gut, aber Noten wichtiger, und wenn ich gefragt wurde, was ich mal werden will, hätte ich nicht im Traum daran gedacht, auf welchem Planeten ich mal alt werden will, oder welche Perspektiven die Klimakrise mir womöglich rauben würde. Warum auch? Meine Welt war ein Safe Space und es gab kein Problem, das nicht gelöst werden konnte.

BERND Mit anderen Worten: Du hattest die Kindheit, von der ich nicht mal zu träumen gewagt hätte.

LUISA Ja, kann gut sein. Und ich hatte eine Kindheit, die natürlich auch eine riesengroße Illusion war. Die Klimakrise eskalierte schon damals, und wir waren Teil einer Gesellschaft, die meinte, es sei nicht ihr Problem. Weder auf der Seite der Emissionen, noch aktivistisch. Man kochte oft vegetarisch, aber aß auch viel Fleisch, nahm im Urlaub den Zug, aber hatte irgendwann dann doch zwei Autos, sanierte das Haus, aber erst als es staatliche Förderung gab, und in der Oberstufe flog ich selbstverständlich zur Projektreise nach Namibia, mit der Kirche später nach Tansania, zur Uni nach London. Wir waren Teil einer Wohlstandsgesellschaft, die – ganz ohne es böse zu meinen, wohl informiert, und dennoch ohne großartig stutzig zu werden – einen so unverhältnismäßigen Ressourcenverbrauch kultivierte. So haben wir unweigerlich mitgemacht, bei der nicht enden wollenden Klimakrisen-Produktion.

BERND Darf ich etwas einwerfen?

LUISA Klar.

BERND Kann es sein, dass ich mit 25 weniger CO_2 emittiert hatte als du mit 25?

LUISA Sicherlich. Ich würde aber vermuten: aus Mangel an Gelegenheit.

BERND Warum auch immer.

LUISA   Ich muss dich vorwarnen, jetzt wird es ernster.

BERND   Nun.

LUISA   Es ist für mich immer noch eine offene Frage, was genau die Rolle der Privilegierten ist, auf dem Weg Richtung Klimagerechtigkeit. Je mehr ich mit 15, 16, 17 erfuhr über die Lage der Ökosysteme, der Arten, den Plastikstrudel im Ozean, desto mehr beunruhigte mich die verdächtige Stille, die ich diesbezüglich seitens Politik und Medien wahrnahm. Ich fing also an mich einzubringen, nebenbei, aus Spaß und auch aus Interesse, nicht weil ich dachte, es würde unbedingt auf meinen Beitrag ankommen. Die Politik würde sich ja kümmern, wenn es richtig brenzlig werden würde, dachte ich. Und ehrlich gesagt weiß ich nicht, ob ich angefangen hätte, die Klimakrise als existenzielles Problem zu verstehen, mich so einzusetzen und zu sorgen, wie ich es jetzt tue, wenn nicht mein Vater todkrank geworden wäre. 19 war ich, als man sagte, er habe noch ein paar Monate. Vielleicht war es die brutale Erkenntnis, dass mein Vater sterblich und mein Heile-Welt-Zuhause vergänglich ist, die mich dazu gebracht hat, eine Reihe weiterer Grundsatzfragen zu stellen. Wenn mein Zuhause kein ewiger Safe Space ist, wie verhält es sich mit dem Planeten? Wer schützt uns und mich nun vor den Krisen der Welt? Solche Fragen.

BERND   Schwere Fragen, Luisa.

LUISA   Ich fühlte mich zu klein dafür. Aber, wie es so oft ist mit Krisen, es änderte sich dadurch etwas Entscheidendes: meine Erwartung an die Welt.

Als Kind einer emissiven Illusion, also einer Welt, die blind war gegenüber den eigenen Emissionen, festigte sich die absurde Vorstellung, dass alles schon gut würde, gut für mich und gut für die Welt. Als ich mich dann unvorbereitet inmitten meiner erster persönlichen Katastrophe wiederfand, begann ich, die Katastrophen der Welt anders zu sehen. Es ist unsere Aufgabe, Krisen zu lösen. Und am Ende können nur wir selbst uns retten, auch wenn die Lage noch so existenziell und gruselig und überwältigend erscheint.

BERND Kann man auch ohne existenzielle Trauer Aktivistin werden?

LUISA Aber sicher.

BERND Vielleicht nicht so, wie du eine bist.

LUISA Vielleicht.

BERND Und dann?

LUISA Naja, dann ging alles ganz schnell. Ich fing an, mich zu empören, so richtig meine ich, so, dass es in der Brust pocht. Ich vernetzte mich, schrieb Artikel über die Kohle und den Hitzesommer, rannte auf einer Klima-Konferenz in Polen in Greta Thunberg rein, entschied, dass sie auf der ganzen Konferenz die Einzige war, die sich verhielt, als wären wir in einer Krise, fuhr zurück, schrieb zwei Tage später zusammen mit einer jungen Journalistin einen Streikaufruf im *NEON* Magazin, lernte, noch während wir den ersten Fridays-for-Future-Streik in Berlin organisierten, wie man überhaupt Demos anmeldet – das, stellte sich heraus, ist gar nicht so schwer. Und dann hatte ich das unfassbare Glück, zur richtigen Zeit auf sehr viele Menschen zu treffen, denen es in ihrer ökologischen Entrüstung so ging wie mir. Und ohne es auszusprechen, entschieden wir in diesem Augenblick, uns keine Grenzen zu setzen in dem, was wir bewegen können.

2. FLUCHT INS DETAIL – DIE NEUE PHASE IN DER KLIMAWENDE

Vom Leugnen über das Verharmlosen zum Greenwashing – Halbierter Klimaschutz – Hat die Coronakrise das Thema Klima überdeckt oder gestärkt?

LUISA Okay. Ich möchte mit einer These anfangen, oder sagen wir, mit einigen Thesen.

BERND Bitte.

LUISA Vielleicht strukturiere ich es etwas.

1. Ohne viel Lärm sind wir in Deutschland, inmitten der
   Pandemie, in eine neue Phase der Klimawende eingetreten.
2. Diese neue Phase erfordert mehr Konzentration und
   Kraft aller Beteiligten, insbesondere der Klimabewegten, als die letzte Phase.
3. Die große Frage bis zur Bundestagswahl wird sein:
   »Machen oder Marketing« und »Ganz oder gar nicht«.

BERND Erklär mal.

LUISA Phase eins war Bewusstwerdung, Phase zwei ist Handeln. Die Pandemie hat den Eintritt in Phase zwei der Klimawende weitgehend überdröhnt, dennoch hat sich etwas
substanziell verschoben. Ich fang mal vorne an: Die Streiks
in 2019 lösten eine neue, intensive, fast unausweichliche

Selbstkonfrontation der Politik aus; Akteure überall wirkten orientierungslos, wie sie Klima-Realität und Paris-Abkommen zusammenführen sollen. Einige emanzipierten sich in diesem Augenblick, wie etwa Tausende Wissenschaftler:innen, die sich schlagartig politisch organisierten. Andere, nun ja, weniger, was etwa Christian Lindner mit einigen recht missglückten Profi-Tweets und Reden vorführte. Viele haben in dieser Zeit das erste Mal demonstriert, andere haben ihr Umweltbewusstsein wiederentdeckt. Überall stand die Frage im Raum, wie man sich der Krise gegenüber verhält, was der eigene Beitrag ist. Individuell, politisch, institutionell. Das waren spannende und schmerzhafte Konfrontationen in dieser Zeit, auch für mich. Man stritt an Küchentischen und in Bars, in Fraktionssitzungen und Schulklassen. Und dann, nachdem ein gewisses Klimabewusstsein weitgehend zur Norm geworden war, und kurz bevor es so aussah, als würde sich einiges von dieser normativen Verschiebung in materiellen Wandel übersetzen, kam die Pandemie.

BERND Aber die hat ja diese Phase nicht vollständig gestoppt, oder?

LUISA Nein, es ist in meinen Augen etwas Erstaunliches passiert: Zu Beginn der Pandemie verselbstständigte sich – trotz oder wegen allem – ein gewisses Klimabewusstsein, sowohl gesellschaftlich als auch politisch: Stück für Stück fing über das Corona-Jahr hinweg jede Partei an, sich dem 1,5-Grad-Ziel zu nähern. Von der Linken bis zur Jungen Union erklärt man, wie dringend man sich am 1,5-Grad-Ziel orientieren möchte. Es ist inzwischen unvorstellbar, dass Akteur:innen aus dem demokratischen Spektrum der Politik heute noch die Forderung nach mehr Klimaschutz infrage stellen.

BERND Wir bewegen uns auf ein großes Aber zu.

LUISA Genau. Nun, da überall klimabewusst genickt wird, müsste die ökologisierte Rhetorik eigentlich in Taten umgesetzt werden. Und genau davor stehen wir jetzt. Der Sprung von der theoretischen Klima-Emanzipation zur praktischen Emissionsreduktion. Und an dem Punkt wird es unbequem, man windet sich, denn es geht zur Sache, zur materiellen Sache. Wird die Straße gebaut oder nicht, kommt die Pipeline oder nicht, wo parkt das Fahrrad, welcher Dünger wird gestreut, wie geschützt ist der Wald, was wird runter-, was hochgefahren? Das alles wird nun in Echtzeit entschieden, und im Unterschied zur Vergangenheit nicht mehr an relativen Maßgaben (»Super, wir sind etwas besser als vor zehn Jahren«), sondern an absoluten Zielen gemessen – 1,5 Grad it is. Und wenn sich alle so einig sind beim 1,5-Grad-Ziel, warum setzt man es dann nicht um? Das sorgt für Unverständnis, muss man doch vermuten, dass man es mit den Bekundungen doch nicht so ernst meint. So wird es für politische Vertreter:innen immer schwerer, undankbarer und folglich immer reizloser, sich in leere Ankündigungen zu flüchten. Die materielle Realität winkt fröhlich in die Runde und verpetzt gnadenlos die Tatenlosen. Man könnte sagen: Die neue Phase in der Klimawende markiert das Ende der großen Worte – schlicht weil jedes weitere Wort, egal wie schön oder grün es strahlt, sich nach endlosen Klimaschutz-Bekundungen selbst lächerlich macht, wenn es ohne materielle Konsequenzen daherkommt.

BERND Es kann aber auch sein, dass sich Worte und Taten nur neu mischen, der Handlungsanteil wird etwas vergrößert, der verbale Bombast aber auch, und am Ende kommt immer noch viel zu wenig dabei raus. Mein Eindruck bei den

Parteien ist: Ziele setzen – leicht, Instrumente – okay, Maßnahmen – lieber nicht, Auswirkungen auf die Menschen –
bloß nicht.

LUISA Das stimmt. Was diese neue Phase in meiner Wahrnehmung zusätzlich so anstrengend macht, ist Folgendes:
Bisher war es relativ leicht, Klimazerstörungspolitik und
Versäumnisse zu identifizieren und bloßzustellen. Man
musste wenig Aufwand betreiben, um den Menschen zu
erklären, warum es so nicht weitergehen kann, mit der
Kohle, mit den Autobahnen, mit der eingeschlafenen Ener-
giewende. Auch für uns als Bewegung waren das recht
eingängige Sachverhalte. Man muss die Klimakrise nicht
bis ins letzte Molekül durchdrungen haben, um verstehen zu können, dass es problematisch ist, wie damit in
Deutschland umgegangen wird. Nach Berechnungen des
Think-Tanks T&E verantworten wir sechs der zehn größten CO_2-Quellen Europas. Wir planen auch noch, sie bis
2038 laufen zu lassen, während die UN auf einen globalen
Kohleausstieg bis 2030 setzen. Auf fast drei Jahre Klima-
proteste haben Politik und Wirtschaft nun reagiert und
sind ohne viel Aufhebens Weltmeister in grünem Bran-
ding geworden. Keine Rede ohne Hinweis auf die Umwelt,
kein Social-Media-Post ohne Emoji-Baum. Plakate an Bus-
haltestellen, die den vom Bund verabschiedeten CO_2-Preis
bewerben (der vor allem ein sehr, sehr schlechter Scherz
ist), witzige Apps, in denen wir ökologisch politisierte
Bürger:innen flink herausfinden können, welcher »Um-
welt-Typ« wir sind. Noch nie war es leichter anzunehmen,
dass wir auf einem »guten Weg« sind. Und man will es
auch, es sind anstrengende Zeiten, wie schön wäre es,
wenn alles besser würde.

BERND Dazu gibt es einen schönen Spruch: Heuchelei ist die

Verbeugung des Lasters vor der Tugend. Was aber auch heißt, diese andere Rhetorik ist nicht bloß ein Trick, sie ist auch eine Chance, weil die Politik auf Dauer Wort und Tat nicht beliebig weit auseinanderklaffen lassen kann.

LUISA Trotzdem und genau deswegen sind aus meiner Sicht nun Konzentration und Kraft in dieser neuen Phase gefragt. Konzentration, um sich nicht einlullen zu lassen von den geschmeidigen Klima-Konzepten, die uns das Blaue – oder vielmehr den grenzenlosen Wasserstoff, die schnellen Baumpflanzprojekte, das saubere Gas und die Flugtaxen – vom Himmel versprechen, und sich dann beim genauen Hinschauen primär als Scheinlösung entpuppen. Und man wird Kraft brauchen: Zum einen, um den Zustand der molekularen Wirklichkeit nicht aus pandemischer Ermüdung mit dem zu Wahlkampfzwecken Aufbruchs-Stimmung verbreitenden politischen Berlin zu verwechseln. Zum anderen, um dem etwas entgegenzusetzen, was nun von den Verfechter:innen des fossilen Status Quo aufgefahren werden wird. Man sagt, dass gesellschaftlicher Wandel dann am schwersten ist, wenn man kurz davor ist zu gewinnen. Das liegt daran, dass genau das der Moment ist, in dem sich am vehementesten gegen besagten Wandel gewehrt wird. Die fossilen Lobbys und ihre politischen Verbündeten sind die einflussreichsten Kräfte des Landes, die werden nicht so schnell klein beigeben. Sie werden alles daran setzen, mit grünem Marketing, Ablenkung und Schönrechnereien weiterhin Milliarden-Subventionen und Absatzmärkte zu behalten. Ohne mit der Wimper zu zucken wird uns von der SPD Nord Stream 2 als Klimaschutzprojekt verkauft – wohlgemerkt könnten dadurch in Summe bis zu 100 Millionen Tonnen CO_2 emittiert werden –, und RWE erklärt nun freudestrahlend, man baue jetzt Windparks. Dass wir vom CO_2-intensivsten Konzern Europas sprechen, der ca. 80 Prozent seines Stromes fossil generiert, vergisst man dabei schon mal. Regierungen erwecken den Eindruck engagierter Geschäftigkeit, indem sie »nettonull« Ziele für die entfernte Zukunft setzen, die auf den zweiten Blick aber gar nicht für 1,5 Grad maximaler Erwärmung ausreichen. Angesichts all dessen wird man hart für reale Transformationen in der Gegenwart kämpfen müssen. Und die Konfliktlinien verlaufen zwischen Marketing und Machen. Oder so: In Phase eins haben wir diskursiven Wandel organisiert. Jetzt, in Phase zwei, geht es um materiellen Wandel.

BERND Du bist schon sehr Politikerin.

LUISA Finde ich nicht.

BERND Nach 30 Jahren politischem Journalismus: Ich erkenne eine Politikerin, wenn ich sie sehe.

LUISA Das klären wir noch mal an einem anderen Tag. Können wir zurück zur Sache kommen?

BERND Aber natürlich. Was meinst du mit »ganz oder gar nicht«?

LUISA Klimaschutz funktioniert nicht halb. Halber Klimaschutz ist Klimakrise, schlicht dadurch, dass das Pariser Klimaabkommen, wie auch andere Verträge zur Verhinderung ökologischer Katastrophen, nur aufgehen, wenn sich alle dran halten. Entweder sprengt man planetare Grenzen oder nicht, entweder sinken Emissionen schnell genug oder nicht, entweder stoppt man das Artensterben oder nicht. Das fordert uns heraus. Politik in Absolutismen ist der Anfang vom Ende, Ökologie ohne Absolutismus ist das Ende, die ökologische Politik wird folglich lernen müssen. Und die Gesellschaft mit ihr.

BERND Diese Entweder-oder-Situation ergibt sich aus der Sache, weil das Klima ja von sich aus in keiner kompromissbereiten Stimmung ist, sie ergibt sich aber ebenfalls aus der Logik eurer kompromisslosen Bewegung. Ob das auch in der Politik so kommen wird, da bin ich mir noch nicht so sicher. Nach meinem Eindruck ist man sich nicht mal innerhalb der Grünen-Partei sicher, ob die Klimapolitik nicht doch in die gewaltigen Mühlsteine herkömmlicher Kompromiss-Politik gerät.

LUISA Das hängt eben auch davon ab, wie diese Republik, und wir mit ihr, aus der Coronakrise kommen, was wir gelernt haben, verändern werden, von nun an besser machen.

BERND Und welche Lehren siehst du?

LUISA Im Frühjahr 2020 fühlte es sich für mich so an, als hätte man die erste Welle der Pandemie relativ okay überwunden. Es lag etwas in der Luft, das sich anfühlte wie ein Frühlingserwachen. Man fand die Einschränkungen nervig, grundsätzlich aber fanden es viele Menschen eigentlich gut, weniger einkaufen zu müssen, zeigten Umfragen, man sprach von verlängerten Osterferien. Und auf einmal gingen überall Möglichkeitsfenster auf.

BERND Weniger Verkehr in den Innenstädten zum Beispiel, man hörte plötzlich, wie sanft eine Stadt auch sein kann.

LUISA Genau. Es gab Bilder von der Natur, die sich erholte. Man ging mehr spazieren. Man überlegte, wie man mit den Emissionen umgeht. War das vielleicht ein Startpunkt für etwas radikal Neues, echten Wandel, etwas Historisches? Es gab natürlich viel Leid, viel zu viel, Existenzfragen stellten sich, das alles aber wurde eingerahmt von einer Stimmung, dass andere Systeme – Gesundheit, Verkehr usw. –, ein anderes Leben möglich ist.

In meiner Wahrnehmung wurde dadurch ein zentrales Problem der heutigen Zeit zumindest in Ansätzen gelöst: das Problem der mangelnden Vorstellungskraft. Denn das, was der Klimagerechtigkeit so massiv im Weg steht, ist eine Art kollektiver Unfähigkeit, sich vorzustellen, dass es genuin gerechter und besser auf der Welt werden kann. Die politische Realität steht wie eine Wand vor unserer Fantasie. Wir Menschen haben diese Tendenz, davon auszugehen, dass es morgen so sein wird wie heute. Das ist oft praktisch, bei der Suche nach Lösungen für große, systemische Probleme allerdings maximal hinderlich. Uns fehlt die Abstraktionskraft, uns auszumalen, was möglich wäre, wenn wir uns nur entscheiden würden, es möglich machen zu *wollen*. Die Corona-Situation hat diese Blockade für einen Moment gelockert. Das Gewohnte bekam Risse, die Neues hervorbrachten. Irgendwann kam die Sonne raus, die Menschen strömten auf die Straßen, es gab Konzerte in den Parks. Es hatte etwas Friedliches, etwas Schönes.

BERND Und dann?

LUISA Innerhalb eines Jahres hat sich gefühlt praktisch alles ins Gegenteil verkehrt. Es kam all das zusammen, was uns skeptisch gegenüber Veränderungen macht: Sie waren zu hart, auf Dauer nicht durchzuhalten, am Ende für einen persönlich immer von Nachteil. Die Vorstellung vom präpandemischen Gestern wirkte auf einmal viel charmanter als eine mögliche Version von morgen. Das hat uns an einen Punkt gebracht, der im Kontext der ökologischen Fragen sehr beunruhigend ist. Aber noch sind die Möglichkeitsfenster offen.

BERND Hat das zu negativen Stimmungen in deinem politischen Umfeld geführt?

LUISA Soweit ich das überblicke, hat die Corona-Pandemie schon Unwohlsein, Ängste und Ernüchterung in der Klimabewegung ausgelöst. Das hat verschiedene Gründe, unter anderem den, dass man bis Corona durchaus daran glauben konnte, dass die Regierung sich politisch entschieden hatte, die Klimakrise als Herausforderung ernst zu nehmen. Tja, und dann kam Corona, und mit jeder eiligen Entscheidung, Notfallsitzung und Sondersendung – die natürlich gut und richtig waren – wurde deutlicher, dass die Klimakrise politisch nie wirklich als Krise ernst genommen wurde.

BERND Dein Bild von der ersten Phase der Coronakrise teile ich. Sie hat so einen Kollateralnutzen für ein utopisches Momentum gebracht, für eine Art von Sanftheit und Bescheidenheit. Und dann haben die zweite und die dritte Welle diesen utopischen Anteil aufgefressen. Zuerst dachten viele, einiges von dem, worauf ich jetzt verzichten muss, brauche ich vielleicht auch gar nicht. Aber nach einem Jahr Lockdown-Gewürge will einfach jeder und jede mal wieder shoppen, reisen und feiern, ich will das auch. In der ersten Phase gab es außerdem auch das Tabu, über den Ursprung der Pandemie zu sprechen. Für diejenigen, die sich für Ökologie stärker interessieren, war es nicht überraschend, dass es Zoonosen – das Überspringen der Krankheitserreger von Tieren auf Menschen und zurück – gibt und dass die Globalisierung dazu führt, dass Viren und Keime um die Erde geschleudert werden – nicht zum Nutzen der Menschen und nicht zum Nutzen der Tiere. Diejenigen, die das wussten, hatten nachvollziehbare Hemmungen, diese Krise jetzt zu instrumentalisieren und zu sagen: »Haben wir doch gleich gesagt.« Rechthaberei ist keine besonders attraktive Sprechhaltung.

LUISA Hast du darüber geschrieben?

BERND Ja, aber erst im Mai 2020 und relativ vorsichtig. Inzwischen hat sich die Zoonose-Problematik zumindest etwas verbreitet. Da wird schon verstanden, dass eine verirrte

Fledermaus den Lauf der Welt verändern kann, und dass man den Fledermäusen deswegen nicht zu sehr auf die Nerven fallen sollte, vor allem sollte man sie nicht essen. Gleichzeitig hat sich auch die Vorstellung erledigt, dass unsere globale Gesellschaft bloß einen kleinen Betriebsunfall hatte und danach so weitermachen kann wie vorher. Man versteht jetzt leichter, dass es sich um eine dreifache Krise im Verhältnis zwischen Mensch und Natur handelt, die erstens eine pandemische Dimension hat, zweitens das Artensterben und drittens natürlich die Klima-Dimension umfasst. Was im Übrigen auch bedeutet, dass Corona und mutierte Verwandte nicht so bald vorbeigehen werden. Die EU hat jetzt bei BioNTech bereits über eine Milliarde neue Impfstoffe für die Jahre 2022 und 2023 bestellt. Man geht also davon aus, dass das Coronavirus mutiert und irgendwie bleibt.

LUISA Gleichzeitig wird das im medialen Diskurs selbst heute noch behandelt wie ein Funfact: »Wusstest du, Corona hat etwas mit Umwelt zu tun.« Und im gleichen Atemzug verhandelt man das Mercosur-Abkommen mit Südamerika, das die Abholzung von Regenwäldern perspektivisch massiv vorantreiben wird. Ich würde infrage stellen, dass allen bewusst ist, was es bedeutet, im pandemischen Zeitalter zu leben. Es wäre auch kein Wunder, man spricht kaum darüber, wird wenig informiert. Auch mir war es ja lange nicht bewusst, und ich gewöhne mich nur sehr langsam an den Gedanken.

BERND Ich würde die Taten, die Politiker:innen *jetzt* begehen oder unterlassen, aber nicht als Maßstab dafür nehmen, wie viel sie neu verstanden haben. Ich glaube, dass diese anderthalb Jahre Pandemie unfassbar viele Erkenntnisse hervorgebracht haben, ohne dass unter diesem massiven

Pandemie-Stress alles schon in neue Politik umgesetzt werden konnte. Ich merke jedenfalls, dass sich das Klimathema bei vielen Politiker:innen noch sehr viel tiefer in die Synapsen eingeschrieben hat und dass Pandemie zunehmend im Plural gedacht wird.

LUISA Trotzdem sind in diesem Zeitraum zahllose Entscheidungen getroffen worden, die einen direkten Einfluss darauf haben, wie wir mit Natur umgehen. Lass mich kurz ins Detail gehen: Da wäre zum Beispiel die Agrarreform der Europäischen Kommission, dabei sprechen wir von einem Drittel des EU-Haushaltes, also etwa 400 Milliarden Euro. Wenn man die Ursprünge der aktuellen, ökologischen Krisen ernst nehmen würde, dann müssten sie in meinen Augen so genutzt werden, dass Ökosysteme und Böden und so auch die Wirtschaftsgrundlagen der Betriebe geschützt werden. Sprich: Feste Klima- und Artenschutz-Ziele, verbindliche Förderung, flächendeckende Umweltstandards statt Anreize für immer größere, pestizid- und düngeintensive Monokulturen. Landwirtschaft, wie sie aktuell EU-politisch gefördert ist, produziert 13 Prozent der EU-Emissionen und trägt signifikant zum Artensterben bei, hat aber eben das Potenzial ein richtiger Gamechanger zu sein, also als CO_2-Senke zu fungieren. Dieser Seitenwechsel der Landwirtschaft-Politik vom Problem zur Lösung wurde vorläufig verhindert, auch in der deutschen Umsetzung der EU-Agrarreform. Während man in der Pandemie das Gefühl hatte, alles hält irgendwie an, wurde weiter entschieden, teils mit drastischen Folgen. Der EU-Agrarhaushalt wird immer für sieben Jahre verhandelt, und während eine ganze Agrarsubventionsmaschinerie nun für weitere sechs Jahre – man hat durch die langen Verhandlungen ein Jahr verloren – darauf ausgerichtet ist,

Lebensräume, Agrarflächen, Lebensgrundlagen und das Klima zu belasten, soll ein Öko-Posten, also 23 Prozent des Budgets, für »Bio-Maßnahmen«, dagegen ankommen. Paris und den European Green Deal kann man dann doch in der Pfeife rauchen. Noch sind die Verhandlungen nicht abgeschlossen, aber es sieht nicht gut aus. Auch das Mercosur-Abkommen wurde weiter verhandelt, ein ökologischer Albtraum und politisch maximal problematischer Deal mit Jair Bolsonaro, waffenaffiner Regenwalddzerstörer, Menschenrechtsverachter und Präsident Brasiliens. Es ist kein Zufall, dass solche Pandemien entstehen. Wir haben das Risiko dafür hochgetrieben, durch Rodung, Wilderei, ökologisches Räubern. Die Klimakrise ist von keiner außerirdischen Kraft produziert worden, sie ist menschengemacht. Mit jeder dieser Verhandlungen, bei der Umwelt- und Klimaschutz als Nebenangelegenheiten behandelt werden, entscheidet man sich *für* die Klimakrise, *für* erhöhte pandemische Gefahren, *für* mehr ökologisch-induzierte Konflikte.

BERND Wenn du mich fragst, warum zum Beispiel beim Siebenjahresplan der Agrarverhandlungen so wenig passiert ist: Der Grund sind Pfadabhängigkeiten – wenn die Anstrengung, die Richtung zu wechseln, irgendwann größer scheint, als einfach immer weiterzulaufen. Aber jeder vernünftige Bauer weiß, dass er sich auf eine veränderte, eine ökologischere Welt einstellen muss und es sich deshalb lohnt, früher umzustellen, als man dazu gezwungen wird.

LUISA Müsste man sich in einem Krisenmodus nicht viel entschiedener über sogenannte Pfadabhängigkeiten hinwegsetzen? Ist es nicht genau das, was in Krisen gefordert wird? Aus Mustern auszubrechen, Dinge zu tun, die man noch nie getan hat, anzuerkennen, dass wir nicht mit denselben Mechanismen aus den Krisen herauskommen werden, die die Krisen im ersten Schritt produziert haben? Abgesehen davon sind wir auch existenziell abhängig davon, dass ökologische Systeme intakt und stabil sind. Little detail.

3. DER FLÜGELSCHLAG EINER FLEDERMAUS – KLIMA UND CORONA

Agrarsubventionen und Artensterben – Konkurrenz der Krisen – Wollen Politiker nicht oder können sie nicht? – Tatsächlich, wir haben einen Körper

BERND Mindestens das hat Corona uns gelehrt, oder? Wir haben tatsächlich einen Körper, die anderen auch, und deren Körper gehen mich etwas an. Wir sind tatsächlich Biologie, es gibt gar keine Um-Welt, wir sind selber durchweltet.

LUISA Ganz erstaunlich. Und, das ist interessant, ein ganz grundsätzliches Menschheitsproblem ist ja die riesengroße Lücke zwischen Wissen und Handeln. Oder mehr noch, die bemerkenswerte Fähigkeit, das theoretische Wissen im politischen Handeln außen vor zu lassen oder mühevoll zu verdrängen. Dann kam die Corona-Pandemie und in dem Moment, in dem es um eine direkte pandemische Gefahr ging, um eine Gesundheitsgefahr, um wirtschaftliche Einbrüche, gab es punktuell keine Kluft mehr zwischen Wissen und Handeln.

BERND Du argumentierst, die Politiker:innen könnten, wenn sie nur wollten. Die wiederum sagen: Wir können nicht, was wir wollen. Aber ein bisschen müssen Politiker:innen schon davon verstehen, was geht und was nicht, es ist schließlich ihr Spezialgebiet: Machterhalt. Was eben voraussetzt, zu jedem beliebigen Zeitpunkt zu erkennen, wo die Grenze zwischen möglich und unmöglich liegt und sich mit dem Möglichen zu verbünden.

LUISA Nun, ich würde die These in den Raum stellen, dass es eine der größten politischen Fehleinschätzungen des letzten Jahrzehnts war, effektiven Klimaschutz und das Etablieren ökologischer Standards zu einer Gefahr für den Machterhalt zu erklären. Was Joe Biden jetzt macht, also nationalen und internationalen Machtausbau auf Grundlage von Klima-Ambitionen, hätten andere Regierungen auch machen können. Warum wurden die Chancen und Gefahren so wenig gesehen?

BERND Die Klimakrise war ja doppelt verklärt: Einmal, weil es diese Klimakrise geschafft hat, vierzig Jahren lang – gefühlt – irgendwie immer erst in der Zukunft zu geschehen; zum zweiten wurde die Krise durch den Glauben gemildert, man könne sie allein mit technischen Mitteln und ein paar wirtschaftlichen Anreizen bewältigen. Alle Veränderungen fänden in den Maschinen statt, keine in den Menschen, woraus sich dann unmittelbar das Verzichtsverbot ergeben hat, nach dem Motto: Klimapolitik ist etwas, das man nicht spürt und wenn man es doch spürt, ist es nicht legitim. Die Pandemie hat uns vor Augen geführt: Die Krise zwischen Mensch und Natur ist akut, wir können ihr nicht mehr ausweichen. Wir müssen handeln und Technik allein wird uns nicht retten. Die Zoonose ist ein deutliches Symptom dafür, weil sie zeigt, wie schnell Zerstörung zurückschlagen kann und wie ein ferner, mikroskopisch kleiner Vorgang binnen weniger Monate die ganze Welt verändern kann. Jeder kannte den Schmetterling, der mit seinem Flügelschlag einen Hurrikan auslöst.

Nun kennen wir auch die Fledermaus, die mit ihrem Flügelschlag eine globale Pandemie auslösen kann. Wir sehen, dass die Menschen in die Lebensräume der Tiere eindringen, ihnen zu nahe kommen und sie unter Stress setzen. Das lässt sich – zweiter zerrissener Vorhang – durch keine technische Erfindung beseitigen, sondern nur dadurch, dass man es sein lässt, die Fledermäuse beispielsweise in Ruhe lässt. Das ist kein Gedanke für Ingenieure, sondern für Philosophen, es geht nicht um technische Geräte, sondern um unsere Lebensweise.

LUISA Ich würde diese beiden Verklärungen der Klimakrise um zwei gravierende Missverständnisse ergänzen: Erstens, dass wir das Klima des Klimas wegen schützen und nicht der Menschheit wegen. Und zweitens das Missverständnis, dass wir die Wahl hätten, ob wir uns mit dem Klima beschäftigen wollen – und in welcher Geschwindigkeit. Ein Trugschluss: Entweder packt man die Zerstörung an und versucht, sie zu beenden, oder sie stellt sich uns selber in Rechnung – im Zweifelsfall auch in pandemischer Form. Keines dieser Missverständnisse ist durch die Coronakrise beseitigt worden. In den ersten zehn Monaten der Pandemie wurde politisch, medial und gesellschaftlich sehr konsequent vermittelt, man solle jetzt klimapolitisch doch bitte pausieren, weil man die Klimakrise erst nach der Coronakrise bewältigen könne. Es wurde eine Krisen-Hierarchie aufgemacht, bei der das Klima hintenangestellt wurde. Die Emissionen seien ja schließlich gesunken. Mit 417 ppm im Frühsommer 2021 sind sie allerdings heute höher als in den letzten drei Millionen Jahren. Kleiner Haken.

BERND Es gab da aber noch eine andere Erkenntnis: Zwar hat es während der Pandemie eine technische Euphorie gegeben, weil die Impfstoffe viel früher verfügbar waren, als wir erwartet hatten. Doch als dann der Impfstoff endlich da war – und ich möchte nicht zynisch klingen – breiteten sich überall auf der Welt die Mutanten aus, so als ob sie uns sagen wollten: »Macht ihr mal euren Impfstoff, wir entwickeln uns derweil weiter. Mal sehen, wer schneller ist.«

LUISA Dieses Gefühl, dass technische Entwicklungen helfen, trifft zu. Dass sie selten die ganze Lösung sein können, trifft ebenso zu. So wie bei der Klimakrise.

BERND Neulich musste ich an einen Satz von Karl Marx aus dem Kommunistischen Manifest denken ...

LUISA Natürlich. Passiert mir auch ständig ...

BERND »Die Freiheit des Einzelnen ist die Bedingung der Freiheit aller.« Durch die Pandemie haben wir gelernt, dass die Gesundheit des Einzelnen die Bedingung der Gesundheit aller ist. In den Diskussionen um Gesundheit ging es jahrelang nur um Kosten, jetzt geht es um Körper, die Nebenkosten schlechter Volksgesundheit und eines unzureichenden Gesundheitssystems treten grell hervor. Das ist ein Riesenfortschritt ...

LUISA Ich glaube auch, dass viele Menschen schon vor Corona das Gefühl hatten, dass die Art und Weise, wie wir leben, wie wir handeln, wie wir räubern, so nicht weitergehen kann. Dann hat man mit Corona die Klimakrise sehr erfolgreich von der medialen und politischen Tagesordnung verdrängt. Das alleine wäre noch kein Problem, hätten wir die Zeit, eine Krise nach der anderen zu bewältigen. Haben wir aber nicht. Nun sind die Emissionen eben heute höher als vor Corona, man hat die Ankündigungen von der »grünen« wirtschaftlichen Wiederbelebung weitgehend im Sande verlaufen lassen und – in Summe – mit Corona-Hilfen die Klimakrise befeuert. Neun Milliarden Steuergelder ohne Klimaauflagen an die Lufthansa sind da nur die

Spitze des Eisbergs. Meine größte Beunruhigung ist aber die Krisenbewältigungs-Motivation. Durch Corona muss die Gesellschaft sich das erste Mal seit Langem, vielleicht seit dem Zweiten Weltkrieg mit dem Gedanken beschäftigen, dass es Krisen gibt, die wir vielleicht nicht bewältigen können. Doch erzeugt gerade das Gefühl, den Ausgang einer Sache noch in der Hand zu haben, eine unglaubliche Kraft. Wir gehen schließlich nicht klimastreiken, weil das Klima eskaliert, sondern weil es nicht so bleiben muss. Wäre alles vergebens, warum sollte man sich die Mühe machen? Und nun kam Corona und hat im Zweifel viel Verständnis zunichte gemacht. Wir haben uns gefragt, ob wir das alles schaffen können und die Infektionszahlen runterkriegen. Ist eine Politik möglich, die gerecht ist? Können wir überhaupt vorausschauend handeln? Das alles läuft ja auf die Frage hinaus: Können wir Krisen bewältigen? Ich befürchte, die vorherrschende Erfahrung, die wir gerade machen, ist, dass wir es *nicht* zwangsläufig können. Vielleicht punktuell und für einen gewissen Zeitraum, aber weder schnell, noch souverän, noch nachhaltig. Und gleichzeitig müssen wir den Menschen nun erklären, dass die Pandemie im Kontext der ökologischen Krisen praktisch als Aperitif des Jahrhunderts zu verstehen ist. Menschen verlieren gerade viel Vertrauen in die Fähigkeiten und Kompetenz der Republik, Krisen zu managen – und nun kommen wir daher und wollen Menschen davon überzeugen, dass wir zusammen die komplexeste und gefährlichste Krise der Menschheit besiegen können?

BERND Ich finde das zu pessimistisch. Ja, Klimakrise und Corona, Klimawende und Pandemie-Bekämpfung ähneln sich in mancherlei Hinsicht, aber so wie Yin und Yang, hell und düster. Corona beschränkt pauschal, es drückt die

Menschen in die Häuser und in die Bubbles. Klimaschutz reißt die Türen auf, macht die Luft besser, die Ställe lichter, sie erfindet, befreit. Und schränkt gemessen an Corona nur sehr milde ein.

LUISA Dennoch wird man anfangen, die Coronakrise als Grund anzuführen, warum wir es mit dem Klima gar nicht erst versuchen sollten. Das kommt schon heute vor allem von denen, die schon lange Gründe suchen, warum man sich mehr mit Wirtschaftswachstum als mit Klimaschutz beschäftigen sollte. Die Erzählung geht dann etwa so: Wenn die Klimakrise so viel größer ist, wie lange müssen wir dann in den Lockdown gehen, wie schlimm sollen die Einschränkungen sein, wie viele Freiheiten werden sie uns wegnehmen? Dabei verkennt diese, ich würde sagen: »manipulative« Erzählung offenkundig den qualitativen Unterschied der beiden Krisen. Die Coronakrise in eine verneinende Krise. Um gesund zu bleiben, müssen wir zu ganz vielem Nein sagen: zu vielen Freiheiten, Berührungen, neuen Kontakten, zu Gemeinschaft, zu Reisen und Tanzen und Pläneschmieden. Die Klimakrise hingegen ist eine umfassende Bejahung, man sagt Ja zu einem gesunden Planeten, Ja zu sauberer Luft und lebenswerten Städten, Ja zur Artenvielfalt und zur globalen Solidarität, Ja zu sicheren Zukunftsperspektiven und nachhaltigen Jobs, Ja, Ja, Ja. Weil aber schon eine gewisse Krisenträgheit eingetreten ist, wird man hart arbeiten müssen, den Menschen den Unterschied zwischen bejahendem Klimaschutz und verneinender Coronakrise nahe zu bringen.

BERND Das Neue ist doch, bei der Klimakrise wie auch der Pandemie, dass wir jetzt das tiefste Krisen-Muster sehen: Wir leben als Menschheit, wir verhalten uns aber nicht als Menschheit. Wir alle wirken massiv auf die Natur und darüber dann auch aufeinander ein, aber überwiegend kollateral und nicht bewusst steuernd und gestaltend. Die Auswirkungen unserer Lebensweise sind global und politisch, aber die politischen Entscheidungen berücksichtigen das noch kaum. Die Politik fängt deswegen an zu fuchteln. Ich habe noch nie so verunsicherte Politiker:innen erlebt wie in dieser Zeit. Wenn ich mir überlege, mit welcher Selbstsicherheit ein Helmut Kohl, ein Gerhard Schröder oder ein Joschka Fischer durch die Lande gelaufen sind ... Was ich heute erlebe, sind Verstörung und Verunsicherung.

LUISA Und du denkst, das kann sich in etwas Produktives verwandeln?

BERND Das ist die Frage. In einem meiner Video-Calls hat neulich jemand eine kleine Ansprache gehalten und mit Blick auf die Pandemie gesagt: »Das ist die schlimmste Krise seit dem Zweiten Weltkrieg. Wir müssen durchhalten.« Ich antwortete: »Aber immerhin stehen noch alle Häuser, alle Fabriken und alle Krankenhäuser.« Ich glaube, diese Krise müsste uns eigentlich zeigen, was wir alles haben und dass die meisten auch mit ein bisschen weniger auskommen könnten. Aber diese Gesellschaft hat über Jahrzehnte in einem Stabilitätstraum gelebt, den sie für die Wirklichkeit hielt. Für viele Menschen ist es unfassbar schwer, einen Wandlungsprozess ihres Weltbildes zuzulassen. Und deshalb läuft jetzt eine Fundamentalisierung der Normalität, man vertritt den Anspruch auf Normalität aggressiver und schreit die an, die diese Normalität für obsolet erklären. Man verwechselt Freiheit mit Gewohnheit, Gewohnheit mit Anspruch und Anspruch mit Recht. Als sei die Normalität, die ja immer extremere Folgen hat, eine Art Grundrecht. Gleichzeitig bahnt sich etwas Neues an, eine postfossile, postdestruktive Vision.

LUISA Zum Stabilitätstraum: Das ist natürlich sehr privilegiert gesprochen. Wir sehen ja, dass gerade immer mehr Menschen Insolvenz anmelden müssen, in tiefe Krisen gestürzt werden.

BERND Das stimmt. Aber die Privilegierten sind in unserem Land vielleicht in der Mehrheit, zumindest sehr zahlreich. Wenn ich sage, dass Menschen lernen können, auch mit weniger auszukommen, dann kann sich das selbstverständlich nur auf die beziehen, die immer noch einiges haben. Das ist klar. Doch für die Mehrheit ist es schon eine gewaltige Zumutung zu erkennen, dass die vergangenen siebzig Jahre mit ihrer Sicherheit und Stabilität nicht etwa ein erworbenes und garantiertes historisches Level waren, das sich bitte schön immer noch steigert, sondern eine historische Ausnahmesituation, der demokratisch-westlich-fossile Honeymoon sozusagen. Aber lass mich noch etwas zu den beiden Phasen im Corona-Klima-Verhältnis sagen.

LUISA Der ersten, die den Möglichkeitsraum erweitert und der zweiten, die ihn wieder verengt hat?

BERND Ja, genau. Vielleicht erleben wir ja seit dem Frühjahr eine dritte Phase. In dem Moment, da durch das Impfen erstmals Licht am Ende des Corona-Tunnels zu sehen war, bekam das Klimathema einen Schub, einmal durch den Aufschwung der Grünen und dann durch das Urteil des Bundesverfassungsgerichts zum Klimagesetz und die anschließenden, leicht hektischen Klima-Beflissenheiten bei Union und FDP. Vielleicht hat Corona das Klima verborgen an ein anderes Ufer getragen wie der Wal den Jona.

LUISA Okay, das finde ich spannend. Ich verstehe mich ja als Possibilistin und bin in einer Frustrationsstimmung ganz schlecht aufgehoben. Wir Possibilist:innen gucken uns an, was möglich ist, also »what's possible«, und erkennen im gleichen Atemzug an, dass wir dafür kämpfen müssen. Deshalb würde ich aus meinem innersten Possibilismus heraus argumentieren, dass sich die tiefgreifende Verunsicherung der heutigen Welt umkehren kann. Dass sich diese Welt immer mehr gegen das Patriarchat, die ökologische Ausbeutung und die weiße Übermacht wehrt und sich im besten Fall zu einer emanzipierteren, nachhaltigeren und gerechteren Welt entwickelt. Ich glaube, dass wir tief im Inneren fähig sind, uns auch nach großen Erschütterungen, nach langen Monaten der Depression oder der Ernüchterung inspirieren und motivieren zu lassen. Menschen wollen im Kern gut sein und Gutes tun. Das ist das, was mich auch nach anderthalb Jahren Pandemie ermutigt. Gleichzeitig macht mir Sorgen, dass es die Selbstverständlichkeit, klimagerechte Politik zu machen, bisher offensichtlich überhaupt nicht gibt.

BERND Was folgt daraus?

LUISA Dieses Jahrhundert wird ein Krisen-Jahrhundert sein, und man wird lernen müssen, durch die Krisen zu navigieren und Prioritäten zu setzen. Es war Wirtschaftsminister Peter Altmaier, der mir mit Blick auf die fehlende Klimapolitik in der Coronakrise erzählt hat, am Ende sei es auch eine Frage der Arbeitskapazitäten. Das war bei einer Talkshow, als die Zahlen gerade wieder anfingen zu steigen. Es geht also darum, wie viel Aufmerksamkeit man für eine Krisenbewältigung aufbringen kann. Im Idealfall werden wir irgendwann anfangen, die Klimakrise integrativ zu bewältigen, sprich: Jeder Minister wäre auch Klimaminister und jede Staatssekretärin müsste sich auch um die Umwelt kümmern, weil Klima überall stattfindet.

BERND Was bedeutet das für Fridays for Future: die neue Krisenkonkurrenz, die Gleichzeitigkeit andersartiger Krisen?

LUISA Das Jahr 2020 war für die Bewegung ein wirklich schwieriges Jahr, durch das wir trotz allem durchgekommen sind. Während des Jahres schien das logisch, uns gibt es schließlich nur, weil wir Krisen ernst nehmen und uns nicht einschüchtern lassen. Retrospektiv finde ich das gar nicht mehr so selbstverständlich, wir hätten an diesem pandemischen Jahr auch großartig scheitern können. Der Workload, die Belastung, die Erwartungen an die Aktivist:innen sind ohnehin schon mehr als unverhältnismäßig, in der Pandemie sprechen wir also von einer doppelten Zumutung, denn dazu kommen die Belastungen, die Menschen im ganzen Land spüren, während von Aktivist:innen erwartet wird, sich weiterhin um die großen Menschheitsaufgaben zu kümmern. Dabei sollten sie sich darauf verlassen können, dass sie politisch berücksichtigt werden. Wie hast du diese Zeit empfunden?

BERND Mir persönlich fällt es schwer, über etwas Negatives zu reden, weil ich während der Pandemie in mehrfacher Hinsicht privilegiert war: Ich lebe in einer großen Wohnung, mein Job ist gesichert. Was man sagen kann: Ich bin ruhiger geworden, weil sich das Leben verlangsamt hat. Zudem hatte die Zeitung, für die ich arbeite, das erfolgreichste Jahr ihrer Existenz. Das lag wahrscheinlich daran, dass wir versucht haben, eine Stimme der Vernunft zu sein, besonnen und nicht apokalyptisch. Wir haben die ökologische Thematik bei der *ZEIT* stark weitergetrieben, gründen jetzt sogar ein eigenes Ressort nur für das Grüne. Doch inzwischen sehe ich meine Funktion in den Medien und auch die Funktion der Medien insgesamt anders als noch vor zwei Jahren, man könnte vielleicht sagen umfassender. Unsere Aufgabe als Journalist:innen ist zwar immer noch, zwischen Menschen, zwischen politischen Polen zu vermitteln und auf diese Weise dazu beizutragen, die Gesellschaft zusammenzuhalten. Was wir aber noch viel zu wenig machen, ist zwischen den Menschen und den realen materiellen Problemen zu vermitteln, sei es beim Klima, beim Artensterben, aber auch bei der materiellen Lage derer, die nicht privilegiert sind.

LUISA Man würde meinen, du wollest meine Klima-Medienkritik hier gerade ganz nebenbei vorwärtsverteidigend vom Tisch abräumen.

BERND Überhaupt nicht!

LUISA Nun gut, über den Komplex Klima-Medien unterhalten wir uns später noch mal ausführlich.

BERND Bin jederzeit bereit. Wenn ich kurz den Faden wieder aufnehmen darf: Unser, also das journalistische Ziel sollte es sein, Politiker:innen auf diese Wirklichkeit hinzuweisen, sie dahingehend zu befragen und unter Druck zu setzen. Wenn die Politik den Problemen hinterherhinkt, sei es bei Corona oder beim Klima, müssen wir den Problemen vorauseilen, wenn die Agenda der Regierung große Teile der Realität ausblendet, ist es unsere Aufgabe, sie einzublenden. Journalismus ist ja mittlerweile ein sehr breites Tätigkeitsfeld mit sehr vielen Ausformungen geworden, aber sein Kern ist und bleibt, Missstände aufzudecken und anzuprangern oder zumindest an den Themen dranzubleiben. Manche nennen das aktivistischen Journalismus, worüber ich viel nachgedacht habe, aber nicht zuletzt wegen der Erfahrungen der letzten anderthalb Jahre sage ich nun: Es ist Journalismus, der auf Wirklichkeit zielt. Aber ich nehme an, das genügt dir nicht.

LUISA Nein, denn meine Wirklichkeit sieht so aus: Wir Aktivist:innen probieren ja auf jedem erdenklichen Weg, Klimaschutz einzufordern. Und die Klimakrise in die Machtzentren zu tragen. Daher führen wir auch viele Gespräche mit Staats- und Regierungschefs und anderen Leuten, die eine große operative Verantwortung haben. Merkel, Macron, Conte aus Italien, Kaeser von Siemens. Aber es wird immer schwerer zu akzeptieren, was uns in diesen Gesprächen abseits der Kameras gesagt wird. Es sind nicht mal mehr Ausreden, es ist schon fast Resignation, aber offensiv vorgetragen. Ich weiß noch, wie ich im vergangenen Jahr mit Winfried Kretschmann am Telefon saß und versucht habe, ihm nahezulegen, dass es im Jahr 2020 inmitten der Klimakrise doch keine Abwrackprämie geben kann. Ich bin auf Unverständnis gestoßen, man müsse ja die Industrie schützen.

Dass erst kürzlich die US-amerikanische Westküste durch Brände aussah wie das Setting einer leicht abgedrehten Hollywood-Produktion, schockiert politisch gar nicht mehr. Das ist eine ganz neue Art der persönlichen Erfahrung eines Schlags ins Gesicht. Das ist eine neue Qualität der Wut, die ich empfinde. Wie kann man Tag für Tag große Corona-Bewältigungs-Reden halten, bei denen man eins zu eins das Wort Corona durch Klima ersetzen könnte? Wie kann man sich so für diese eine Gesundheitskrise aufopfern, während Millionen von Menschen an Luftverschmutzung und an schlechtem Wasser sterben? Wie kann es sein, dass vor der baden-württembergischen Landtagswahl in einem einstündigen TV-Interview zwischen den beiden Spitzenkandidaten *keine einzige* Frage zum Klima gestellt wird? Mit einem grünen Ministerpräsidenten wohlgemerkt. Corona hat für mich auf einer Krisenbewältigungsebene etwas Ermutigendes gehabt. Vor allem hat es mich aber zutiefst besorgt.

4. DIE NATUR BRAUCHT KEINE KLIMAWENDE: WARUM ES AM ENDE UM DIE FREIHEIT GEHT

Das Urteil des Bundesverfassungsgerichts zum Klimagesetz – Alle Menschen sind vor dem Gesetz gleich, auch alle Generationen – Hat die Demokratie materielle Voraussetzungen? – Befreiung der Freiheit

BERND Wir haben die Wahl, was heißt das für dich?

LUISA Ich würde beim »noch« anfangen – so wie es der Titel unseres Buchs sagt. Noch die Wahl zu haben, heißt für mich, dass wir mit jedem weiteren Tag und jeder weiteren Woche der ökologischen Zerstörung mehr Möglichkeitsräume verschließen. Dadurch wird »die« Wahl immer weiter reduziert, wir katapultieren uns in immer krisenhaftere Zustände hinein. Heute klug zu wählen setzt voraus, dass wir einige Missverständnisse überwinden. Nummer eins: Wir sind nicht Herr über die Natur. Nummer zwei: Je länger wir so tun, als wären wir das, desto heftiger wird uns das auf die Füße fallen. Das bedeutet konkret, dass wir jetzt mehr Wahlmöglichkeiten für Gesellschafts- und Zukunftsgestaltung haben als die zukünftigen Generationen.

Wie gehen wir damit um, welchen Gebrauch machen wir von unserer Freiheit? Welche Verantwortung ergibt sich daraus für uns? Welche Prioritäten sollten wir setzen?

BERND Im Moment haben wir noch die luxuriöse Wahl zwischen dem Verbot des Verbrennungsmotors und einer Milliardeninvestition in Wasserstoff. Da kann man drüber streiten, aber man hat die Wahl. Wenn es allerdings so weitergeht, haben wir in zehn Jahren an vielen Stellen nur noch die Wahl zwischen Skylla und Charybdis – also keine mehr. Dahinter steckt etwas, womit unsere Gesellschaft und auch ich selbst sehr schwer klarkommen: Wir leben in einer Demokratie, die dauerhaft unter einem irrsinnigen Zeitdruck steht. Das hat es so noch nicht gegeben. Die Möglichkeit jedoch, die Probleme aufschieben zu können, das Externalisieren in die Zukunft ist für unsere Gesellschaft bisher konstitutiv gewesen.

LUISA Dabei sprechen wir vom doppelten Wegschieben, in die zeitliche Ferne und in die räumliche Ferne.

BERND Genau. Das geht jetzt nicht mehr, weil sich die Probleme mit jedem Tag und jedem Kilometer, die sie aufgeschoben werden, verdoppeln, mindestens. Sich Zeit nehmen, ist sich Zeit rauben. Im Grunde hat das Bundesverfassungsgericht diese Sichtweise mittlerweile sogar bestätigt. Karlsruhe hat die Klage von Fridays for Future und einigen Umweltverbänden gegen das Klimaschutzgesetz der Bundesregierung in Teilen bestätigt. Und die Begründung war schon beinahe revolutionär. Weil die Klagenden teils sehr jung sind, müssen ihre Interessen stärker berücksichtigt werden, CO_2-Reduktionsziele dürfen nicht in die Zukunft und damit nicht auf euch junge Menschen abgewälzt werden. Hast du an jenem 29. April, dem Tag der Urteilsverkündung, eigentlich gefeiert?

LUISA Es war ein Fest.

BERND Hast du mit der Entscheidung gerechnet?

LUISA Ganz und gar nicht. Gerichte wirken inhärent konservativ, und das ist auch gut so. Sie sollen schließlich bewahren. In der Klimakrise wird dieser Modus nun immer komplizierter, da sich der Sachverhalt, also der ökologische Zustand des Planeten und die entsprechende Ausgangslage für die Menschen, so rasend schnell verändert. Wie kann man mit einem Rechtsrahmen, der ohne Beachtung der existenziellen Bedrohung durch die Klimakrise entstanden ist, uns vor eben jener Krise schützen? Karlsruhe hat das entgegen aller Erwartung progressiv aufgelöst, in dem sie entlang der Generationengerechtigkeit argumentiert haben. Als wir die Klimaklage Anfang 2020 eingereicht haben, hätte ich mir niemals ausmalen können, dass ich über ein Jahr später morgens mit einem weinenden Juristen am Telefon aufwache, der nur noch rausbringt: »Luisa, wir haben es geschafft.«

BERND Ich finde es bemerkenswert, dass Karlsruhe damit einem über viele Jahre penetrant betriebenen demagogischen Diskurs den Boden entzogen hat. Da wurde ja immer den Klimaschützer:innen unterstellt, sie würden die Freiheit beschneiden wollen, weil sie die Freiheit nicht lieben. Und dann sagt das Gericht, nee, nee, es ist umgekehrt: Wer den Klimaschutz bremst oder in die Zukunft verlagern will, ist ein Feind der Freiheit, Klimaschutz ist Freiheitsschutz. Das kam nun wiederum mir wie eine Befreiung vor. Viele Menschen, die seit Jahren oder Jahrzehnten gegen die Klimakrise kämpfen, eben weil sie die Freiheit lieben, nicht obwohl, haben an dem Tag gejubelt und gefeiert.

LUISA Man kann die Entscheidung kaum überschätzen. Zu dem Reclaiming der Freiheit als klimapolitische Grundmotivation kommt in meiner Wahrnehmung noch etwas Weiteres, Wunderbares: Wir Jungen sind hochoffiziell gleichberechtigt mit euch Alten. Das klingt banal, hat aber eine unvorstellbare Tragweite. Wenn ich 54 bin, also in 2050, dann habe ich laut Karlsruhe die gleichen Rechte wie ein 54-Jähriger, der heute lebt. Und diese Rechte müssen heute schon geschützt werden. Das verändert den juristischen Anspruch an Klimaschutz von Grund auf. Aktuelles Regierungshandeln lässt uns davon ausgehen, dass im Jahr 2050 eine 2-Grad-Erwärmung überschritten sein könnte. Es wird unter den dann zu prognostizierenden klimatischen Verhältnissen praktisch unmöglich sein, den gleichen Freiheitsraum zu schaffen, wie die 54-Jährigen ihn heute genießen können. Um das von nun an mit dem notwendigen deutschen Beitrag zur Reduktion von klimaschädlichen Gasen zu gewährleisten, muss politisch ein fundamental neuer Entscheidungsprozess in die Wege geleitet werden. Traditionell spielen beim Verhandeln von Klimaschutzmaßnahmen zwei wesentliche Faktoren eine Rolle, die in einen Ausgleich gebracht werden müssen: das Emissionsreduktionspotential, also wie viel kann durch eine bestimmte Maßnahme an Treibhausgasen eingespart werden; und die Belastung der Maßnahme für die Menschen in der Gegenwart, etwa durch Kosten, bürokratischen Aufwand oder gesellschaftliche Widerstände. Aus diesen zwei Faktoren kommt ganz selbstverständlich das Maß-und-Mitte-Denken, ein CO_2-Preis landet dann bei 25 Euro, mehr möchte man den Leuten nicht zumuten, und weniger lohnt sich emissiv gar nicht mehr. Und jetzt, auf einmal, kommt durch Karlsruhe ein revolutionärer dritter Faktor dazu: Die Einschränkung der Freiheiten und Rechte künftiger Generationen durch unzureichenden Klimaschutz. Boom. Gesetzgeber werden verpflichtet, eine intergenerative Abwägung zu treffen. Das gab es so noch nie. Ist der Kohleausstieg vereinbar mit den Rechten künftiger Generationen? Terrorisiert die neue Autobahn die Freiheiten der Menschen in 2050? Können wir mit der EU-Agrarreform auch junge Generationen ausreichend schützen? In der Theorie zumindest ist diese Karlsruher Entscheidung der Beginn einer neuen Ära geprägt von einer generationengerechten Kultur. Umso befremdlicher ist die Reaktion der Regierungsparteien, die sich freuten – als würden die Menschen dann vergessen, dass wir geklagt haben, weil besagte Regierungsparteien ihren Job nicht gemacht haben – und dann anfingen, großzügig zu erklären, man wolle diese und jene Klimaziele um fünf oder zehn Prozent anheben. Man möchte ihnen fast auf die Schultern tippen und sagen: Nein, Leute, so funktioniert das nicht.

BERND In der Tat. Nur ist ein Urteil des Verfassungsgerichts zwar wichtig, aber es ist eben kein Gottesurteil, es ist auch noch lange keine Politik, der Kampf um eine 1,5-Grad-Politik wurde in Karlsruhe nicht entschieden, es wurden für diesen Kampf lediglich ein paar fairere Regeln festgelegt. Wenn man beispielsweise sieht, wie Christian Lindner das Urteil kommentiert hat, nachdem er sich vom ersten Schock erholt hat, da kann man schon sehen, was noch kommt.

LUISA Was hat er gesagt?

BERND Man könne heute nicht die Probleme des Jahres 2040 lösen und dürfe deswegen heutige Freiheiten nicht einschränken. Das ist fast schon wieder lustig, weil wir ja nicht heute die Probleme des Jahres 2040 lösen, sondern diese Probleme erst schaffen.

LUISA Da ist aber noch etwas, was das Bundesverfassungsgericht noch nicht berücksichtigt hat, was aber für die globale

Klimagerechtigkeit von entscheidender Bedeutung ist: Meine Freiheit, so viel zu emittieren wie ich mir leisten kann, heißt für jemand anderen auf dem Planeten, an einem weniger privilegierten Ort, Unfreiheit durch Klimafolgen.

BERND Ja, ein wichtiger Punkt. Um auf das Thema zurückzukommen: Eine zukünftige Regierung müsste Fragen aufwerfen, die bisher unterdrückt worden sind. Ich will ein Beispiel nennen. Es gibt Zielkonflikte zwischen Naturschutz und Klimaschutz, etwa wenn zur Gewinnung von Wasserkraft Flüsse gestaut werden sollen. Der prominenteste Zielkonflikt dieser Art ist der zwischen Vogelschutz und Windkraft, weil die Windräder für viele Vögel gefährlich sind. Deswegen ziehen zurzeit Ökolog:innen verschiedener Grün-Schattierungen gegeneinander ins Feld. Das ist aber falsch, weil der eigentliche Konflikt zwischen denen läuft, die Vögel schützen und darum nicht zu viele Windräder wollen, und denen, die beispielsweise Elektro-SUVs fahren möchten und deswegen jede Menge Windräder brauchen. Die fossile Energie hatte den Vorteil, überwiegend vertikal, durch Bohrungen, abgebaut zu werden. Regenerative Energien gibt es mit Ausnahme der Geothermie nur in der Horizontalen, das heißt sie geht in die Fläche. Wir sehen also, was wir verbrauchen, und meist sieht es weder gut aus, noch ist es folgenlos für die Umwelt. Das muss die Gesellschaft nun abwägen, das sind die wahren Konfliktlinien der Zukunft. Außerdem müsste man fragen, ob es eigentlich legitim ist, dass Autofahrer und Fleischesser dem Rest der Bevölkerung die Folgen ihres eigenen Handelns in solcher Massivität weiter aufdrücken, dass sie deren Freiheit einschränken. Das würde auch bedeuten, die Frage der veganen oder vegetarischen Ernährung aus der moralischen Ecke zu holen. Weiteres zentrales Beispiel:

Wir haben in der Straßenverkehrsordnung die Regel, dass die Autos prioritär behandelt werden sollen. Warum eigentlich? Warum sollen die Unfälle, die gesundheitlichen Folgen für die Kinder, die Alten, die Lungenkranken weiter akzeptiert werden? Diese Fragen müssen zumindest aufgeworfen werden, damit die Gesellschaft darüber diskutieren kann. Die richtigen, die zeitgemäßen Fragen zu stellen, das wäre eine zentrale Aufgabe der neuen Regierung auf der Höhe der Zeit, egal wer da drin sitzt.

LUISA Wir müssen im Zusammenhang mit der Freiheit vielleicht noch kurz einen Schlenker zu den Zumutungen machen. Im Moment wird impliziert, dass die größtmögliche Zumutung aka Freiheitseinschränkung für die Menschen eine konsequente 1,5-Grad-Politik wäre. Man fragt dann: »Geht Klimaschutz nur durch Verzicht?« Nur, das geht so nicht auf. Die größte Zumutung ist die anhaltende und auch zunehmende ökologische Degradierung, die auf jeden unserer Lebensbereiche unerträgliche Auswirkungen hat. Was ist mit der schlechten Luft, die wir einatmen müssen? Was ist mit den Böden? Was ist mit dem toten Wald? Was ist mit den heißen Sommern? Was ist mit den Küstenregionen, die nicht mehr sicher sein werden? Was ist mit den Urlaubsgebieten in Deutschland, die sich nicht mehr darauf verlassen können, dass die Urlauber:innen kommen können? Was ist mit den Krankenhäusern, die nicht wissen, wie sie sich darauf vorbereiten können, dass die Leute immer kränker werden oder jedenfalls kränker, als sie beim gegenwärtigen Stand des medizinischen Fortschritts sein müssten? Was ist mit dem sommers ausgetrockneten und winters übernässten Hunsrück oder den Weinbauer:innen, denen der frühe Frühling und späte Frost die Ernte verderben? Die vorhandenen Zumutungen auszusprechen, ist für eine Regierung natürlich kein angenehmer Job, weil sich die Menschen unweigerlich fragen werden, woher diese Zumutungen kommen. Aber es ist mehr als überfällig. Und dabei kann man sich immerhin nun, nach der Befreiung der Freiheit durch Karlsruhe, ganz ohne zwangsläufig klebrig-neoliberal zu klingen, auf den Schutz der Freiheit berufen.

BERND Offenbar brauchen wir für das 21. Jahrhundert einen qualitativ erweiterten Freiheitsbegriff. Der muss diejenigen mit einschließen oder gar bevorzugen, die woanders sind und dennoch betroffen, sowie diejenigen, die jünger sind und dadurch stärker betroffen. Nicht zuletzt ist Freiheit mehr als nur ein Abwehrrecht gegen den Staat und eine Haltung, vielmehr ist sie an materielle Voraussetzungen geknüpft.

LUISA Ja, je mehr reale Handlungsoptionen wir haben, desto freier sind wir, besteht Alternativlosigkeit, dann ist Freiheit nur noch ein Wort.

5. SICH MIT NICHTS GEMEIN MACHEN? – DIE ROLLE DER MEDIEN

Parteilichkeit und Neutralität – Haben die
Journalist:innen in der Klimakrise versagt? –
Tun sie es immer noch? – Die kommerzielle
Abhängigkeit von der Werbung – Das Klima als
Weltgeschehen, das selten zum Ereignis wird

LUISA Bevor wir uns den anderen, Merkel, den Parteien und
Fridays for Future zuwenden, lass uns doch erst mal über
den Elefanten im Raum sprechen: dich. Als Vertreter der
Medien.

BERND Mit Vergnügen.

LUISA Ich wünsche mir, dass Medien gut und souverän arbeiten, und habe kein grundsätzliches Interesse daran, Me-
dien-Bashing zu betreiben. Das machen andere politische
Strömungen ausreichend, und ich mache es ausgesprochen
ungern.

BERND So höflich fangen meistens die härtesten Kritiken an.

LUISA Wenn wir schon einmal hier zusammenkommen,
bringt es auch nichts, um den heißen Brei zu reden. Die
Rolle der Medien war schon vor Paris 2015 alles andere als
vorbildlich, danach passierte lange nichts. Oder so: In der
Klimakrise haben große Teile der Medien versagt.

BERND Da würde ich zunächst mal fragen, welche Aufgabe die Medien in der Klimakrise haben. Die Aufgabe ist meines Erachtens, alle Politiker:innen, die von 1,5 Grad sprechen, genau zu befragen, wie sie das bitte schön hinkriegen wollen. Da gibt es aber ein strukturelles Problem in den Medien, an dem wir dringend arbeiten müssen: Bisher sind Spitzenpolitiker:innen fast nur von, sagen wir mal, »Spitzenjournalist:innen« befragt worden und nicht von ökologischen Fachjournalist:innen. Sogenannte Spitzenjournalist:innen haben aber üblicherweise nicht genug Ahnung von Ökologie. Das muss sich nun rasch ändern, damit überprüft werden kann, ob die Versprechen der Politik mit den vorgelegten Plänen übereinstimmen.

Diese kritische Befragung kann aber erst dann gelingen, wenn wir in eine Situation kommen, in der nicht nur eine Partei und eine außerparlamentarische Bewegung für die Klimathematik zuständig sind und sich an deren Vorschlägen dann andere abarbeiten oder austoben.

Nehmen wir als Beispiel die ökologisch nicht sonderlich vorbelastete FDP. Die spielt im Moment ein interessantes Spiel. Sie sagt: »Wir machen das alles nur über Anreize, über Emissionsbudgets und Zertifikate.« Das hört sich zwar gut an, weil es ohne Verbote auskommt, aber die Realität dahinter ist eine andere: Wenn man die Klimawende in der gegebenen Zeit allein durch Anreize und mit Zertifikaten hinkriegen will, muss man da die Preise so drastisch erhöhen, dass alle Produkte und jede Art fossiler Mobilität sehr schnell sehr teuer werden würden. Das wirft natürlich unmittelbar soziale Fragen auf. Denn wie sollen sich da diejenigen mit niedrigem Einkommen überhaupt noch etwas leisten können? Deswegen müsste man wiederum sehr viel Geld in die Hand nehmen, um diese Effekte zu kompensieren. Ergo landet die FDP mit ihren Anreizen entweder bei einer harten sozialen Schieflage oder bei einer ganz FDP-untypischen gigantischen Umverteilung. Ich bin sehr gespannt, was die FDP antwortet, wenn sie im Wahlkampf gefragt wird. Aber solange sie nicht gefragt wird, kann sie sich natürlich verstecken. Dass Parteien da bisher zu leicht rausgekommen sind, ist gewiss ein Problem der Medien, also unseres. Die Grundlage dieses Wahlkampfes scheint ja so auszusehen: Alle Parteien beschimpfen die Grünen für Klima-Maßnahmen, die sie selber so oder so ähnlich auch ergreifen müssten, wenn sie ihre Ziele erst nähmen. Das aufzuklären wäre Aufgabe der Medien.

Mein Idealbild von diesem Wahlkampf ist es aber nicht, die FDP oder sonstwen zu entlarven. Mein Ideal wäre, dass viele unterschiedliche Wege für eine 1,5-Grad-Politik entwickelt werden. Die einen lieben es liberaler und individualistischer, die anderen sind staatsorientierter und wiederum andere denken marktwirtschaftlicher, die dritten würden gern irgendjemanden enteignen. Und wenn beispielsweise die Linkspartei der Meinung ist, es ginge nur mit Sozialismus, dann sollen sie eben das den Menschen anbieten. Sechs ehrliche und detaillierte Wege zu 1,5 Grad, das wäre mein idealer Wahlkampf.

LUISA Gut, nun bist du der Medienkritik doch schnurstracks ausgewichen, gehen wir doch noch mal zurück: Ich sehe da, wie du, ein strukturelles Problem von fehlender Expertise, das fängt für mich aber nicht erst bei der Auswahl der Interviewer:innen an, sondern in der Ausbildung und bei der Frage, mit welcher Relevanz dort über die Klimafrage gesprochen wird. Woran liegt es, dass man von »Spitzenjournalist:innen« erwartet, sich höchstens am Rande mit der Klimafrage zu beschäftigen? Weil diese Fragen kategorisch marginalisiert und outgesourct werden. Weil man meint, man mache die wirklich wichtige Politik, indem man über den letzten Parteidisput spricht, oder China oder Personalfragen – und sich darauf ausruht, dass »diese Öko-Themen« im Wissens-Ressort gemacht werden. Das ist offenkundig absurd. Wir sprechen hier von einer die Menschheit umfassenden planetaren Krise, die man vielfach behandelt wie ein sehr spezielles Nerd-Thema für Leute und Journalist:innen, die zu viel Zeit haben. Dazu kommt ein weiteres, strukturelles Problem: Ja, Journalismus bedeutet, Missstände aufzuspüren und zu kritisieren. Normalerweise aber können diese Missstände sprechen: Das sind Menschen, die unterdrückt oder benachteiligt werden, oder Konzernchefs, die meinen, einen Absatzmarkt zu verlieren oder zu viele Steuern zu zahlen, oder oder oder. Bei Klimafragen muss der ökologische Missstand immer übersetzt werden. Der Baum wird uns nicht sagen, dass es ihm mit seiner lichten Krone nicht so gut geht. Der ausgetrocknete Boden wird nicht eigenständig von seiner mangelnden Fruchtbarkeit berichten oder die vom Aussterben bedrohte Art von ihrer Existenzangst. Das, was die Menschen dann zu spüren bekommen, sind Symptome, und die neigen dazu, übersehen oder missinterpretiert zu werden. Letztendlich muss man die Anforderungen an journalistische Arbeit im Kontext der Klimakrise ganz neu beschreiben.

BERND Du meinst, wir sollten dem Baum eine Stimme geben?

LUISA Das, und die Abstraktionsarbeit weiterdenken: Was heißt das eigentlich für die Menschen vor Ort? Aber auch das alleine reicht nicht, die Probleme einer überwältigend klimaignoranten Medienwelt sind so tiefgreifend, ich weiß gerade kaum, wo ich anfangen soll.

BERND Hast du einen Vorschlag?

LUISA Hm, ich mag ja Listen, vielleicht bei den zehn großen journalistischen Fehlern in der Klimakrise ...?

BERND Da bin ich aber froh, dass es nur zehn sind.

LUISA Das war nur eine spontane Zahl, das wäre alles andere als vollständig.

BERND Na dann mal los.

LUISA

1. Für die meisten Menschen ist »das Klima« ein Thema, nicht ihr persönliches Problem. Das geht, weil berichtet wird, als würden abstrakte Welten verhandelt, hier um 65 Prozent reduzieren, dort 10 Prozent mehr Klima-Budget, ups drüben wurden Ziele »verfehlt«, na ja, passiert. Es wäre die Aufgabe von Klima-Journalismus, die Klimakrise zu dem zu machen, was sie ist. Sie ist keine Krise des Klimas. Sie ist die Krise der Menschen und der Menschheit.

2. Journalist:innen, die über Bowling und Tennis berichten wollen, studieren Sportjournalismus. Für diejenigen, die über die komplexeste und gefährlichste Krise der Menschheit schreiben sollen, gibt es bisher keine allgemeingültige Ausbildung. Warum gibt es keine Klima-Grundausbildung, ähnlich wie man es teilweise mit Journalist:innen in der Digitalisierung gemacht hat? Wir erleben, dass es als sinnvolle Weiterbildung für Journalist:innen gehandelt wird, wenn man sie zu Kryptowährung-Vorträgen schickt, aber als »Medien-Aktivismus«, wenn der Vortrag stattdessen über planetare Grenzen gehalten würde.

3. Für Sport gibt es eigene Ressorts, Budgets, Sendungen. Die Klimakrise findet, überwiegend und wenn überhaupt, im »Wissen« statt, oder im »Panorama«. Sollte

sich in Ausnahmen ein Ressort »Klima« finden, wird es seltener bespielt als andere. Warum?

4. Jeden Tag wird zur Primetime über Sport, die Börse und das Wetter berichtet, weil es tagtäglich passiert. Aber für die Klimakrise braucht man einen »Anlass«.

5. Das journalistische Pro-Contra-Mantra hat dazu geführt, dass jahrzehntelang komplett überproportional Klimawandelleugner:innen befragt wurden. Dazu hat man mittlerweile ganze Forschungen angestellt.

6. Das Sich-nicht-gemein-machen-Mantra des klassischen Journalismus hat dazu geführt, dass man noch immer dazu tendiert, Klima-Journalist:innen »aktivistisch« zu nennen. Das geht, weil …

7. … Mainstream-Medien Klimaschutz nach wie vor als »Interesse« von Einzelnen porträtieren, nicht etwa als beschlossene Überlebensstrategie der Weltgemeinschaft. »Und, Luisa, wie kommst du mit deinem Anliegen voran?«

8. Menschen über ihre »Meinung« zu etwas zu befragen, klappt oft gut. In der ökologischen Katastrophe muss das nach hinten losgehen, vor allem ohne Fact-Checking.

9. Klima-Journalismus ohne Fact-Checking ist Irreführung.

10. Jahrzehntelang wurden in diesem Land Wahlen begangen, ohne dass Spitzenpolitiker:innen im Vorfeld gefragt wurden, wie sie denn gedenken, die Klimakrise zu bekämpfen. »Denial« nennt man das.

11. Jahrzehntelang wurden Konzernchef:innen der dreckigsten Unternehmen interviewt, ohne dass man sie gefragt hätte, wie sie denn vorhätten, zum Klimaschutz beizutragen. Wenn heute eine Politikerin sagt,

sie möchte das 1,5-Grad-Ziel einhalten, muss ein Journalist verstehen können, warum die Maßnahmen im Parteiprogramm für diese Ankündigung etwa nicht ausreichen.

12. Mit emissionsintensiven Konzernen über deren Klimaschutz zu sprechen ist ohne Fact-Checking schlicht Greenwashing.

Während man weder Politiker:innen noch Konzernchef:innen über ihren Beitrag zur Klimakrise befragt, wird man nicht müde, den CO_2-Fußabdruck verschiedener Zahnbürsten zu vergleichen, weil doch »jeder einen Beitrag leisten kann«. Die unwissenschaftliche Individualisierung der Klimakrise ist eine der erfolgreichsten Medien-Strategien der fossilen Lobby.

13. Jahrzehntelang hat man ohne Hintergrundrecherche das Framing von Klimawandelleugner:innen übernommen, klar erkennbare Klimafolgen als »ungewöhnliches Wetter« beschrieben, die Klimakrise als »Umweltveränderungen« relativiert und unseriöse Wissenschaftler:innen zitiert. »Und, Frau Neubauer, Sie ›glauben‹ also an den Klimawandel?«

14. Über Klimaschutz wird medial praktisch ausschließlich als Belastung gesprochen, was nur aufgeht, solange man in der Berichterstattung die Klimakrise ignoriert. Die Frage ist schließlich nicht: Mehr oder weniger Klimaschutz? Sondern: Klimaschutz oder Klimakrise? Let's talk about Belastung now.

BERND Okay, okay, okay. Das waren jetzt schon 15 Vorwürfe. Möchtest du, dass ich was dazu sage, oder sind die 15 Kritiken direkt in Stein gemeißelt?

LUISA Mal sehen. Das war jetzt eine Kurzfassung, vielleicht wird das gleich noch mal ausführlicher.

BERND Eines vorweg: Mit der Grundsatzkritik, dass wir – ich ziehe mir den Schuh, DIE Medien, hier jetzt mal an – zu wenig zum Klima gemacht haben, stimme ich überein. Das ist aber auch nicht weiter überraschend, weil es sich ja schon daraus ergibt, dass die Welt nun in der Klimakrise steckt und folglich alle, die vor dir und vor euch gelebt und gearbeitet haben, viel falsch gemacht haben müssen. Das gesagt, finde ich, dass sich in deiner Kritik auch konzeptionelle Defizite oder bequeme Abkürzungen eurer Bewegung spiegeln. Zum Beispiel amerikanisierst du die deutschen Medien. Anders als in den USA hat Klimaleugnung bei uns fast überhaupt keine Rolle gespielt, und die seriösen Medien haben diesen Ansätzen zu Recht wenig Platz eingeräumt. Das macht die Fragestellung etwas komplizierter und anspruchsvoller, weil offenbar zu wenig berichtet und zu wenig getan wurde, obwohl fast niemand das Problem als solches verneint hat.

LUISA Aber, molekular gesehen macht es überhaupt keinen Unterschied, ob man die Klimakrise leugnet oder akzeptiert, aber dann hochengangiert ignoriert oder verniedlicht. Und wer die Klimakrise so stiefmütterlich behandelt wie Mehrheiten der deutschen Medienlandschaft in den letzten 30 Jahren, mit Ausnahme einiger, tendenziell kleiner Formate, einiger Magazine und pionierhaften Journalist:innen, betreibt unter dem Strich eben auch eine Art Krisenleugnung, halt nicht durch Worte, sondern – im Falle der Klimaberichterstattung – durch Unterlassung.

BERND Du wirfst uns vor, dass das Klima unter ferner liefen behandelt wurde. Ich finde, das stimmt nicht durchgehend.

LUISA Stimmt. Ich habe vorhin mal nachgeguckt, wie sich das vor Fridays for Future eigentlich bei der *ZEIT* so verhalten hat: Im Jahr 2015 wurde der Klimawandel ein einziges Mal *ZEIT*-Titelthema, im Jahr 2016 keinmal, in 2017 wurde je einmal ökologisches Einkaufen, die Zukunft des Autos und das Wetter als »größtes Rätsel der Welt« auf dem Titel gebracht. Sorry, Klimabewusstsein sieht anders aus.

BERND Das ist gewiss nicht ideal, noch schlechter ist, dass sich diese Ausgaben nicht mal gut verkauft haben. In den vergangenen drei Jahren ist es bei uns im Übrigen besser geworden, und das fing schon an, sorry, bevor ihr die Welt aus dem Klimaschlummer geweckt habt. Ich will ein Beispiel erzählen, wie diese Hintanstellung des Klimathemas funktioniert. Als ich am 1. September 1997 von der historisch ziemlich bedeutsamen Klimakonferenz in Kyoto kommend wieder in Berlin gelandet bin, war ich voller klimapolitischem Tatendrang. Unglücklicherweise war am Tag zuvor Lady Diana bei einem Autounfall gestorben. Dieses Ereignis hat dann erst mal alles andere verschluckt. Und so passiert es immer wieder, es kommt immer etwas dazwischen. Warum ist das so? Weil das vielleicht größte Ereignis der Menschheitsgeschichte, die Klimakrise, kein Ereignis ist, sondern ein Prozess, der erdgeschichtlich in rasendem Tempo verläuft und doch für das menschliche Auge extrem langsam. Es ist schwer, darüber zu berichten, wie das Gras wächst oder ein Gletscher schmilzt. Das ist aber keine rein handwerkliche Frage, die Gier nach starken Ereignissen ist den Menschen eingeschrieben. Diese Ereignisse strukturieren und dramatisieren das eigene Leben, sie geben Gesellschaften und Öffentlichkeiten Gelegenheit, sich darum herum zu gruppieren. Ereignisse schaffen Gemeinschaft. Ich finde, du unterschätzt das und damit auch den Kern des Politischen. Ich gehöre ja auch zu den Journalist:innen, die von nichts Fachlichem wirklich Ahnung haben außer eben von der Politik als solcher. Wie viele andere auch beschäftige ich mich mit Sachfragen vorzugsweise dann, wenn sie ins Zentrum der Politik rücken, wenn sie heiß, wenn sie für eine Weile zum Kristallisationspunkt des großen, ständigen Selbstgesprächs der Gesellschaft werden. So weit hat es das Klimathema aber selten gebracht, was meinethalben nicht zu rechtfertigen ist, aber erklärbar. Die Klimakrise ist ein oder war jedenfalls ein gewaltiges Nicht-Ereignis, es ist etwas Böses ohne die Bösen, es ist eine Zerstörung ohne erkennbare Ideologie, es entzieht sich damit – zumindest zunächst – nicht nur den sogenannten Gesetzen der Medien, sondern den Drama-Bedürfnissen und Seelenstrukturen der Menschen. Ist das änderbar? Ja. Wurde das zu spät geändert? Ja. Aber es war und ist auch eine gewaltige Aufgabe, dieses Thema ins Zentrum zu hieven, es zu verwandeln und in aller Tiefe zu verstehen. Daran haben auch viele Journalist:innen jahrzehntelang gearbeitet. Und nein, dafür erwartet niemand Dank, aber wir haben beim Klima eben nicht nur viel versäumt, wir haben auch viel geackert.

LUISA In den 80ern fingen Wissenschaftler:innen an, mit dem menschengemachten Klimawandel eine Menschheitskrise von unbekannter Schlagkraft zu beschreiben. Ja, ich verstehe, dass es dauern kann, sich in die Logiken gewisser Ereignisse – oder Nicht-Ereignisse – hineinzudenken, auch journalistisch. Aber wir sprechen von einem Zeitraum von knapp 40 Jahren. In dem Zeitraum wurden nicht zuletzt der komplette Online-Journalismus und praktisch sämtliche digitale Medienangebote entwickelt. Ihr könnt also viel ändern, wenn ihr wollt. Und wieso spiegelt das in deinen Augen nun Defizite von Fridays for Future?

BERND Ihr kommt mit einem großartigen Voluntarismus und

zeigt allen, auch uns Medienleuten, was sie machen müssten und auch könnten, wenn sie nur wollten. Aber das ist nur ein Teil von Politik, die eben idealerweise Müssen und Wollen in Können verwandelt. Und in diesem Wandlungsprozess seid ihr manchmal keine große Hilfe, weil ihr inner-politische Sachzwänge negiert. Aber vielleicht ist das auch nicht eure Aufgabe. Oder war es nicht.

LUISA Gut, dass wir das geklärt haben. Nochmal zurück zum Baum von vorhin. Dadurch, dass der Baum keine Stimme hat, ergibt sich eine kommunikative Verschiebung, in dem Sinne, dass nur dann über Klima gesprochen wird, wenn irgendwo eine Aktivistin oder ein Aktivist mit einem Schild steht. Dann stellt man fest, dass die Aktivistin oder der Aktivist vielleicht ein Burnout hat, aus einer Plastikflasche trinkt oder schon mal geflogen ist. Und auf einmal spricht man nur noch über die Aktivistin statt über die Klimafrage oder eben den Baum. Man personifiziert die Klimakrise und reduziert sie auf genau die eine Hansel, die da mit dem Schild steht und sagt: »Hey Leute, die Erde brennt.«

BERND Ich möchte nichts entschuldigen, ich möchte nur versuchen zu erklären, wie die Dinge so geworden sind, weil ich davon überzeugt bin, dass sie sich dann besser ändern lassen. Diese Vorgeschichte geht nicht nur bei den Journalist:innen los, sondern schon bei den frühen Grünen. Die Grünen hatten in ihrer Entstehungszeit zwei Funktionen: einerseits das ökologische Thema in die Gesellschaft zu tragen und andererseits dem deutschen Linksradikalismus nach '68 eine sinnvolle Betätigung zu geben, gewissermaßen Entgiftung der Umwelt und Entgiftung einer Generation. Aus dieser Doppelfunktion ist bei den Grünen ein Trauma entstanden, von dem sie sich bis heute nicht erholt haben, obwohl viele von denen, die das damals erlebt haben, heute gar nicht mehr da sind. Aber dieses Trauma hat sich sozusagen in die Geschichte der Grünen einge-schrieben.

LUISA Was war das Trauma?

BERND Als sie das Klima 1990 zum ersten Mal zu einem gro-ßen Thema im Bundestagswahlkampf gemacht und gesagt haben: »Alle reden von Deutschland. Wir reden vom Wet-ter«, sind sie aus dem Bundestag geflogen. Die Wählerin-nen und Wähler hatten völlig recht, sie abzuwählen, denn die Grünen hatten das nicht gemacht, um auf die Klima-krise aufmerksam zu machen, sondern um von einem Pro-blem abzulenken, das sie als linke Partei mit Deutschland hatten. Mit diesem Wahlkampf wollten sie verbergen, dass sie mit der deutschen Einheit immense Schwierigkeiten hatten, weil sie zu viel Linksradikalismus in sich trugen, der für sie bedeutete: Je mehr Deutsche zusammenkommen, desto gefährlicher ist die Veranstaltung, also ist die deut-sche Einheit eine Gefahr und keine Chance. Kurzum: Die Grünen wollten übers Wetter reden, weil sie über Deutsch-land schweigen wollten. Dafür wurden sie bestraft. Einge-schrieben hat sich dieses Ereignis ins kollektive Gedächtnis der Grünen aber anders: Zu viel Öko kann uns killen. Das ist auch den Journalist:innen nicht entgangen.

LUISA Das ist jetzt dreißig Jahre her. Wie viele Jahrzehnte braucht ihr denn so im Durchschnitt, um eure Traumata zu bewältigen?

BERND Die Befürchtung, dass Ökologie Kassengift sein könn-te, hielt sich faktenbasierend recht lange. Im Ernst, bei den Journalist:innen – zumindest bei den älteren, also leider immer noch maßgebenden – kommt noch etwas Tieferes hinzu, weil wir es als unsere vordringlichste Aufgabe oder unser Ideal ansehen, die großen Schrecken des 20. Jahrhunderts nicht wieder zu erleben. Und alles, was in dieser Grammatik von Relevanz ist – oder auch nur von abgeleiteter Relevanz wie der Nahostkonflikt, das Verhältnis zu Amerika, die Geopolitik, die freie Marktwirtschaft –, erscheint wichtig. Bei all dem empfinden wir eine Notwendigkeit für Expertise. Jetzt kommt mit der Klimakrise auf einmal eine neue Grammatik, die überhaupt nicht zu der des 20. Jahrhunderts passt und die uns etwas ganz anderes abverlangt. Das ist nicht vergleichbar mit einer kurzen Einarbeitung in die Gesundheitspolitik, die ist zwar auch kompliziert, aber sie unterliegt den bekannten Logiken. Die Klimakrise hingegen ist ähnlich groß und aufwendig und fordernd und verstörend wie die Grammatik des 20. Jahrhunderts, nur eben auf ganz andere Weise. Das ist der Prozess, in dem sich Journalist:innen im Moment befinden, wir erlernen eine zweite Grammatik oder sollten es tun. Und bevor du es sagst, sag ich es selber: Dieser Prozess ist viel zu langsam. Dennoch ist es nicht einfach nur Arroganz oder Borniertheit oder Boomer-Verfettung.

LUISA Ich sehe da bemerkenswerte Parallelen zur Politik: Das große Problem ist ja nicht nur, dass zu viele Politiker:innen zu wenig machen. Sondern dass eine riesige Kraft von jenen ausgeht, die Klimaschutz abbremsen und teilweise sogar boykottieren. Im Journalismus ist es ähnlich: Es gibt nicht nur zu wenig ökologisch versierte Journalist:innen, sondern auch ein zu großartiges Abarbeiten von Chefredakteur:innen und Chefkolumnist:innen – vor allem Männern, anbei –, an denen, die hier etwas verändern wollen. Krisen-Verherrlichungsjournalismus, der ununterbrochen mehr Gründe dafür finden muss, warum die Klima-Kinder »hyperventilieren« (ergo die Krisen nicht so schlimm sind) oder warum es okay ist, Aktivist:innen herunterzumachen, statt über die Klimakrise zu sprechen. Es ist ein Journalismus, der tendenziell unseriöse Wissenschaft zitiert, weil Skandal und Nachrichtenwert dann größer sind. Journalismus, der sich damit begnügt, Nebenschauplätze zu bespielen, schnell und gern durch Konsumfragen abgelenkt wird und auf keinen Fall Unruhe verbreiten darf, sonst würde man die Menschen ja verstimmen, und eine Zeitung zu lesen soll ja informieren, aber keinesfalls erschüttern, sonst kriegen die Menschen noch schlechte Laune. Ich glaube, dass so im Großen und Ganzen auch der journalistische Mainstream es möglich gemacht hat, dass die Klimakrise zu dem werden konnte, was sie heute ist. Man hat nicht nur *nicht* nachgefragt, sondern auch ganz viel zugelassen. Ich denke etwa an die Verstrickungen der Politik mit der Kohlelobby. 50 Milliarden Steuergelder werden laut Schätzungen von Greenpeace pro Jahr in Deutschland in die Fossilität gesteckt, in Subventionen in Form von Diesel-Privilegien, Steuererleichterungen für Flugbetreiber dank einer fehlenden Kerosinabgabe, usw. Und da ist der 80 Milliarden teure Kohleausstieg noch gar nicht eingerechnet, bei dem ein Großteil der Gelder als Strukturhilfen in die Länder fließt, aber eben auch fast 5 Milliarden Euro ausschließlich als Entschädigung an Kraftwerksbetreiber gehen. Bei keinem anderen Produkt, das sich auf dem Markt nicht mehr verkauft, würde man den Konzernen ein solches Abschiedsgeld hinterherschicken. Man guckt nicht nur weg. Man bejaht die mutwillige, steuerfinanzierte Klimazerstörung, indem man nicht nachfragt.

BERND   Nicht genug hinsehen ist schon bejahen? Das ist eine moralisch ziemlich ambitionierte Sichtweise.

LUISA   Naja, seid ihr nicht diejenigen, deren Beruf es ist, genau hinzusehen? Nächstes Thema: Auch Medienhäuser sind globale Player, weil viele von ihnen nach wie vor mit der fossilen Industrie zusammenarbeiten oder von ihr abhängen, durch Werbeanzeigen beispielsweise von BMW. Immerhin gibt es mittlerweile weltweit viele Bewegungen, End Climate Silence ist eine solche etwa aus den USA, auch in Deutschland organisieren sich Journalist:innen, die sagen: »Ihr müsst aufwachen.«

BERND Dass wir Anzeigen drucken, stimmt. Aber die Formulierung, wir würde mit ihnen zusammenarbeiten, stimmt nicht. Ich möchte, muss und darf in meiner Rolle als Journalist mit Anzeigenkunden nicht zusammenarbeiten.

LUISA Es gibt nicht nur Anzeigen, die geschaltet werden. Laut Medien-Studien, die in 53 Ländern durchgeführt wurden, sind immer mehr Anzeigen mittlerweile PR-Artikel, die in Zeitungen täuschend echt wie neutrale Artikel aussehen.[1] »Advertorial« nennt sich das. Es gibt Berechnungen, wonach alleine US-amerikanische Industrien im vergangenen Jahrzehnt über eine Billion US-Dollar für PR-Kampagnen ausgegeben haben.[2] In Deutschland stolpere ich immer wieder über Kooperationen zwischen Industrie und Medien in Form von Mediengipfeln, bei denen dann Konzernchefs auf Panels sprechen, die ihre Firma selbst finanziert hat. Ich war auf einigen dieser Gipfel, zahllose Medien veranstalten sie, *Handelsblatt*, *Spiegel*, *Focus*, *ZEIT*. Und es geht weiter: Dass der US-Ölkonzern ExxonMobil über Jahrzehnte hinweg in der *New York Times* Klimaleugnungen im Blatt drucken durfte, ist in meinen Augen nicht mehr das, was eine klassische Werbeanzeige ist.

ExxonMobil hat in Amerika den Klimadiskurs ganz massiv gefärbt, indem sie eine der Ersten waren, die die Klimakrise erforscht und das sehr aufwendig dokumentiert haben.

Das war schon in den 1970er- und 1980er-Jahren. Politisch sah es zu dieser Zeit so aus, als würde sich etwas bewegen, Jimmy Carter brachte 32 Solarpanels auf dem Dach des Weißen Hauses an. Man plante tatsächlich eine Reihe von Klimaschutzmaßnahmen, woraufhin ExxonMobil unter anderem mit Think-Tanks und Netzwerkstrukturen den Begriff »Uncertainty«, also wissenschaftliche Unsicherheit groß gemacht hat. Unsicherheit in der wissenschaftlichen Forschung gibt es zwar immer. ExxonMobil hat die Unsicherheit aber als Unsicherheit über die Existenz der Klimakrise an sich populär gemacht, und über viele Jahre hinweg in der *New York Times* ganzseitige Anzeigen geschaltet. Zusätzlich wurden gezielt »Expert:innen« in der Medienlandschaft gefördert, die einseitig über fossile Industrien sprachen, und Medien, die über die Klimakrise berichteten, als »biased« gebrandmarkt. Stück für Stück evolvierte eine Debatte über den besten Klimaschutz zu einer Debatte um die Existenz des Klimawandels.

BERND Kann es sein, dass du schon wieder über Amerika sprichst?

LUISA Weil es so lehrreich ist und weltweit den Ton gesetzt hat. Heute schüttelt man oft den Kopf über die USA, wo noch vor wenigen Jahren nur jeder zweite an den Klimawandel »glaubte« (heute sind es mehr als zwei Drittel). Das hat eine unfassbare Tragweite – wir sprechen hier vom zweitgrößten Emittenten weltweit, wo über Jahrzehnte hinweg keine tiefgreifende, überparteiliche Klimadebatte stattfinden konnte. Im Lichte der fossilen Kampagnen und unkritischer Medien überrascht die Ideologisierung des Klimadiskurses in den USA überhaupt nicht mehr.

BERND Puh ja. Du hast jetzt wieder viel über die USA gesprochen. Für Deutschland kann ich das so nicht stehen lassen, und bei der *ZEIT* verzichten wir jedes Jahr auf viel Geld, weil wir auf bestimmte Anzeigen und Kooperationen verzichten. Eine Anekdote zum Verhältnis von Anzeigenkunden und Medien: Als ich beim *Tagesspiegel* gearbeitet habe, der damals eine defizitäre Zeitung war, hatten wir unter anderem Mercedes als Anzeigenkunden. Dann brachte Mercedes die A-Klasse raus, die leider die unangenehme Eigenschaft hatte, bei bestimmten Ausweichmanövern umzukippen, dem sogenannten Elchtest. Darüber schrieben wir einen Artikel. Daraufhin drohte Mercedes, keine Anzeigen mehr zu schalten. Das war das erste und einzige Mal in meiner Geschichte als Journalist, dass die Anzeigenabteilung und die Chefredaktion unter Druck gesetzt worden sind. Wir haben trotzdem weitere Artikel dazu veröffentlicht.

LUISA Du willst mir jetzt aber nicht erzählen, dass die ganze Medienlandschaft so handeln würde wie die Chefs vom *Tagesspiegel*. Warum, glaubst du, hat Mercedes das gemacht? Mir erscheint dein Erlebnis viel eher als Beweis eines strukturellen Problems. Die sind es offenkundig gewohnt, dass durch den ökonomischen Druck, der durch diese Werbeanzeigen erzeugt wird, nicht nur ein Machtgefälle entsteht, sondern auch ein Rechtfertigungsdruck gegenüber diesem Konzern. Mercedes wäre dem *Tagesspiegel* doch nicht in diesem Ton gekommen, wenn sie nicht schon davor die Erfahrung gemacht hätten, dass man da vielleicht etwas drehen kann.

BERND Wenn ich mich recht erinnere, war Mercedes damals richtig in Panik.

LUISA War das ein Einzelfall?

BERND Ich hab davor und auch danach nie wieder Kontakt zu einem Anzeigenkunden gehabt oder auch nur gehört, dass etwas Ähnliches passiert ist. Was bleibt, und da hast du recht: Wir bringen oft auf derselben Seite Werbung für CO_2-intensive Produkte, auf der wir schreiben, dass das mit dem CO_2 so nicht weitergehen kann.

LUISA   Und für Kreuzfahrten zum Beispiel. Ich möchte hier nicht nur deine Zeitung kritisieren. Was wir erleben, sind Strukturen, die verhindern, dass Medien komplett unabhängig berichten können, weil sie punktuell oder partiell in Abhängigkeit zu fossilen Industrien oder Interessen stehen. Das mag sich auf die ein oder andere Art zeigen, und es wäre naiv anzunehmen, dass es nicht auch ganz heroische Chefredakteure gibt, die sagen: »Nein, davon lassen wir uns redaktionell in keiner Weise beeinflussen.« Aber wir erleben, dass eine Fossilität der Medienlandschaft da ist, in Deutschland und international, in jeweils verschiedenen Nuancen. Michael Mann analysiert in seinem neuesten Buch *The New Climate War* etwa das Imperium des Amerikaners Rupert Murdoch. Murdoch ist der Besitzer von *Fox News* und *The Wall Street Journal* in den USA, *The Times*, und dem *BILD*-ähnlichen Blatt *The Sun* in England, und hunderten weiteren Zeitungen weltweit. Seine Medien in Australien attackierten etwa 2012 erfolgreich den neu eingesetzten CO_2-Preis in Höhe von 23 Dollar pro Tonne, nach dessen Einführung die australischen Emissionen um sieben Prozent sanken. Murdoch selbst sitzt in Vorständen diverser fossiler Unternehmen und besaß zur Zeit der CO_2-Preis-Debatte 70 Prozent der australischen Printmedien.

BERND   Also da muss ich mal die deutschen Verleger:innen in Schutz nehmen, so etwas Rechts-Mafiöses wie Rupert Murdoch gibt es hier einfach nicht. Aber die Anzeigen der Automobilindustrie stellen für uns in der Tat einen

Zielkonflikt dar. Wir existieren da in einem fossilen Widerspruch. Denn wenn wir die Anzeigen zurückweisen würden, dann würden ja nicht zum gleichen Preis andere, ökologisch unbedenkliche Anzeigen geschaltet werden, sondern wir hätten Einnahmeverluste.

LUISA Ökonomische Abhängigkeiten.

BERND Nein, wir sind nicht abhängig davon, dafür sind unsere Einnahmen zu divers. Aber wir müssten den Preis der Zeitung spürbar erhöhen. So deutlich, dass kein einziges Mitglied von Fridays for Future – außer die reichen Erben, die ja bei euch auch zahlreich vertreten sind – sich mehr die *ZEIT* leisten könnte.

Aber weißt du, was meines Erachtens das größere journalistische Problem mit der Ökologie- und Klimakrise ist?

LUISA Schieß los.

BERND Die Wiederholung. Den ersten Bericht über die Verlangsamung des Golfstroms habe ich vor 20 oder 25 Jahren gelesen. Der Golfstrom wird schwächer. Ja, das ist eine Tatsache. Aber das passiert nur allmählich. Das ist für den Journalismus ein Problem, weil er auch eine Unterhaltungsbranche ist. Die Menschen werden nicht gezwungen, uns zu kaufen. Heutzutage schon gar nicht mehr, ja sie fühlen sich nicht einmal mehr verpflichtet, Zeitungen zu lesen, um mitreden zu können, wie das bis in die 90er-Jahre, also vor dem Siegeszug des Internets, vielleicht noch der Fall war. Heute kaufen sie uns nur, wenn wir Sachen schreiben, die für sie interessant sind. Und da ist es eine herausfordernde Aufgabe, das ökologische Thema im Wochen- oder Tagesrhythmus interessant zu halten.

Und ihr als Bewegung, wenn ich das sagen darf, werdet mit diesem Problem auch irgendwann konfrontiert sein. Als ihr aufgetaucht seid, fanden das die meisten erst mal großartig: neue Bewegung, neue Tonlage, interessante Menschen. Ich habe großen Respekt davor. Trotzdem hattet ihr im Prinzip nur zwei Sachen zu sagen: »Haltet euch verdammt noch mal an das Pariser Abkommen, und hört verdammt noch mal auf die Wissenschaftler:innen.« Das ist der Kern. Ihr habt das Wiederholungsproblem, das darin liegt, noch nicht richtig zu spüren bekommen, weil die Bewegung zu jung dafür ist und weil ihr so eine frische Ausstrahlung habt. Aber du kannst nicht so tun, als müssten nur wir dieses Problem bewältigen. Das wird auch noch auf euch zukommen.

LUISA Du behauptest nach über einem Jahr täglicher, minütlicher, ja sekündlicher Corona-Berichterstattung, bei der ununterbrochen auf allen Plattformen impliziert wird, dass es wichtig sei und alle betrifft, wovon viele zwar genervt aber kaum wer gelangweilt ist, dass man nicht ununterbrochen über ein Thema berichten kann? Tut mir leid, wir sprechen bei der Ökologie von einer Krise, die jedes Molekül auf der Erde betrifft. Du willst mir sagen, das ist auserzählt und dazu fällt einem nichts mehr ein?

BERND Ich habe nicht von »auserzählt« gesprochen.

LUISA Das sei langweilig, hast du gesagt. Ist es nicht eure journalistische Aufgabe, zu überlegen, wie man etwas so aufbereitet, dass die Leute es lesen wollen? Das macht auch jeder Dokumentarfilmer: Die schaffen es, fünf Stunden lang über Ameisenkolonien zu erzählen, weil sie sich Gedanken machen, weil sie kreativ werden, weil sie davon ausgehen, dass die wichtigen Probleme unserer Zeit vielleicht nicht immer die ästhetischen oder die unterhaltsamen sind. Und ehrlich gesagt, in einer Zeit, in der jeden Tag in Deutschland in allen relevanten Medien minuten- bzw. seitenlang über ein Spiel gesprochen wird, das aus nichts anderem besteht als 22 laufenden Männern, die nach den immer gleichen Regeln einen Ball hin und her schießen, da kann es doch kein Problem sein, sich neue Arten und Weisen zu überlegen, die Klimakrise zu behandeln. Ein Wiederholungsproblem tritt dann ein, wenn die Berichterstattung auf physikalische Dynamiken reduziert wird, die sich immer weiter beschleunigen oder ansteigen – wie die CO_2-Konzentration in der Atmosphäre. Natürlich ist es wenig interessant für die Menschen zu lesen, dass die Konzentration, wie seit 40 Jahren, stark gestiegen ist. Sie haben schließlich das Gefühl, das sei ein Problem der Atmosphäre – nicht ihres. Aber in dem Moment, in dem man anfängt, über das zu sprechen, was diese Konzentrationssteigerung für Lebenswelten, Gesellschaften und Zukünfte bedeutet, in dem Moment, in dem wir Geschichten von Menschen erzählen, in dem wir anerkennen, dass wir eine Menschheitskrise haben, gibt es acht Milliarden Geschichten zu erzählen.

BERND Ich hätte jetzt Lust zu sagen: »Du hast recht.« Doch ich stimme dir nicht ganz zu. Ich habe darauf hingewiesen, dass es beim ökologischen Journalismus ein handwerkliches Problem gibt, das real ist. Ich habe aber auch schon eingestanden, dass wir zu wenig gemacht haben. Wir hätten es besser machen können. Aber der Grund, warum es das Problem der Wiederholung gibt, liegt nicht an irgendwelchen Zwängen von irgendwelchen Autofirmen. Und ich bleibe dabei, dass auch ihr ein Wiederholungsproblem bekommen werdet.

LUISA Wir haben kein Wiederholungsproblem, sondern ein Klimakrisen-Wahrnehmungsproblem. Die Wiederholung tritt ein, wenn man diskursiv auf der Stelle tritt, seit bald drei Jahren erzählen wir davon, dass die Klimakrise eine

Menschheitskrise ist und uns ganz direkt betrifft, und trotzdem wird so über das Klima berichtet, als hätte das Klima eine Krise und nicht wir. Mir ist es egal, ob über Fridays for Future berichtet wird oder nicht, es geht darum, dass über die Klimakrise berichtet wird. Darüber, was mit der Welt gerade schiefläuft, was auf uns zukommt, was auf uns zukommen könnte, was wir besser machen könnten, was die existierenden und was die nicht existierenden Pläne sind. Fridays for Future sollte es so bald wie möglich nicht mehr brauchen.

BERND Wie gesagt, wir befinden uns in einem harten aufmerksamkeitsökonomischen Wettbewerb.

LUISA Ist das dann die neue Art der fossilen Abhängigkeit: Dass ihr eigentlich davon abhängig seid, dass Menschen euch kaufen, die nicht so viele dekarbonisierende Geschichten hören wollen, weil sie ihre fossilen Leben weiterleben wollen? Und heißt das wiederum, dass ihr eigentlich über diesen ökonomischen Zwang in eine fossile Abhängigkeit kommt?

BERND Überhaupt nicht. Ganz im Gegenteil. Wenn wir die Sachen interessant machen, dann werden wir die Leute gegen ihre fossilen Interessen dazu motivieren, andere Dinge wahrzunehmen und auch andere Dinge zu tun.

LUISA Aber das wollt ihr nicht?

BERND Wir versuchen, die Dinge so darzustellen, wie sie sind. Daraus ergibt sich zwangsläufig die Motivation, über das eigene Leben nachzudenken, das gilt für Leser:innen genauso wie für Redakteur:innen.

LUISA Tatsächlich ist es mittlerweile so, dass ich in den großen Leitmedien in Deutschland spontan mindestens eine Person pro Medium nennen könnte, die wirklich guten ökologischen Journalismus macht. Und es werden mehr.

BERND Was aber noch wichtig ist: Wir werden als ökologisch informierte Journalist:innen beim Thema Parteilichkeit immer mit diesem falsch zitierten Hajo-Friedrichs-Zitat unter Druck gesetzt, ein Journalist solle sich mit keiner Sache gemein machen, auch nicht mit einer guten. Erstens: Auf das Klimathema angewendet ist das komplett daneben, weil es nicht um irgendeine Sache geht, sondern um den Aggregatzustand unseres Lebens. Zweitens: Von diesem Parteilichkeitsverbot gibt es im Journalismus eine klare Ausnahme, gerade in Deutschland, und das ist der Einsatz für Demokratie, bei den Wirtschaftsredakteur:innen vielleicht obendrein noch der Einsatz für das Wachstum. Diese Parteilichkeit, dieser Aktivismus wird nicht nur akzeptiert, sondern sogar erwartet. Nun haben wir aber mit der Klimakrise und mit der Pandemie etwas entscheidend Neues gelernt. Es kann biologische und ökologische Umstände geben, die es der Demokratie sehr sehr schwer machen. Es braucht nicht unbedingt Anti-Demokrat:innen, um die Demokratie zu gefährden, ein Virus, das nicht wieder geht, oder eine ökologische Krise, die zu Notständen führt, reichen dafür schon aus. Insofern ist im 21. Jahrhundert Parteilichkeit für die Demokratie ohne Parteilichkeit für den Erhalt einer Demokratie-kompatiblen Welt unvollständig, um nicht zu sagen hohl. Aus meiner Sicht ist das Interesse für die Erhaltung von Rahmenbedingungen, die unsere Zivilisation aufrechterhalten – unter anderem eben auch die Demokratie – eine genuine Aufgabe von uns Journalist:innen. Das Parteilichkeitsverbot hört dort auf, wo die Demokratie bedroht ist. Und wenn sie bedroht ist, nicht nur durch Ideolog:innen, linksextreme oder rechtsextreme, sondern durch das, was sich unsere Gesellschaft aus der Mitte heraus selber schafft, dann ist das Gebot, dass wir das kenntlich machen. Um noch mal zu Hajo Friedrichs zu kommen: Die Neutralität der Journalist:innen endet da, wo es um die Freiheit der Medien und der Menschen geht. Die eine Sache, mit der wir uns gemein machen dürfen, ja müssen, das ist die Demokratie.

LUISA Aha, interessant. Ist das die Mehrheitsmeinung unter euch Journalist:innen?

BERND Noch nicht.

6. LEBEN NACH MERKEL –
MÖGLICH MACHEN, WAS NÖTIG IST

Begegnungen mit einer ungewöhnlichen Kanzlerin –
Kann ihre Methode nach ihr weiter funktionieren? –
Welche denn sonst? – Merkels Widersprüchlichkeit in
Sachen Ökologie – Klimapolitik ist Disruption

BERND Ein Leben ohne Merkel ist möglich, aber unvorstellbar.
Im Ernst: Rein sachlich gesehen werden sich neue Koali-
tionen ergeben und eine neue Bundeskanzlerin oder ein
neuer Bundeskanzler wird an der Spitze der Regierung stehen. Polit-psychologisch jedoch wird der Einschnitt nach
16 Jahren Kanzlerinnenschaft von Angela Merkel noch viel
tiefer sein als der nach Helmut Kohl. Das hat mit ihrem
besonderen Verhältnis zur Bundesrepublik zu tun. Als
sie angefangen hat, im vereinten Deutschland Politik zu
machen, war sie eine dreifache Fremde: Erstens war sie
Ostdeutsche, zweitens war sie eine Frau in einer damals
wirklichen Männerpartei und drittens ist sie vorher keine
Politikerin gewesen, noch nicht mal Juristin. Aus diesen
drei Fremdheiten heraus hat sie nicht nur eine unglaubliche Stärke entwickelt, sondern hat der Republik gegenüber diese Fremdheit auch sehr lange bewahrt, sodass sie
das System Bundesrepublik verändern und verbessern

konnte. Jemand, der nur eins zu eins Bundesrepublik gewesen wäre, hätte die sich ständig verschärfende Krisenphase insbesondere seit Ende der 2000er-Jahre wohl kaum überstanden, also Finanzkrise, Eurokrise, Ukrainekrise, Flüchtlinge. Kein anderer Regierungschef in Europa hat eine so lange Amtszeit gehabt. Das liegt daran, dass sie nicht nur diese Grundfremdheit, sondern auch eine Grundskepsis und einen Grundanstand hatte. Merkel hat sich nicht von dem Land verschlingen oder gar korrumpieren lassen, das sie anderthalb Jahrzehnte regiert hat. Auf diese Weise konnte sie eine gute Managerin der Bundesrepublik Deutschland sein.

Diese Geschichte hatte aber auch Schattenseiten. Angela Merkel war verwundbarer als vergleichbare westdeutsche Politiker. Sie hatte zum Beispiel nie irgendwelche Truppen innerhalb der CDU. Normalerweise lernt man sich in der JU kennen, bildet Netzwerke und hat einen Landesverband. All das hatte sie nie wirklich gehabt und musste deshalb bei allem, was sie tat, immer schauen, dass sie nichts stürzt – also das vernünftige Ende voraussehen. Ihr Politikstil war vorauseilende Anpassung an das zu erwartende, nicht immer an das für das Land zuträgliche Ergebnis. Im Nachhinein muss man sagen: Merkels Politikstil prämiert die politische Gravitation, er verabsolutiert den Prozess und verhält sich milde indifferent zum Ergebnis. So erklärt sich das mickrige Klimapaket von 2019 und die Zu-spät-zu-wenig-Corona-Politik von 2020/21.

Zum ersten und einzigen Mal hat sie sich vor 16 Jahren zu wirklich programmatischer Politik verleiten lassen, die ja immer beinhaltet, dass man widerlegt und im Extremfall gestürzt werden kann: Das war im Wahljahr 2005, als man dachte, Gerhard Schröder sei nach seiner Flucht in die Neuwahlen machtpolitisch schon geliefert. Im Grunde genommen hatte er aufgegeben. Angela Merkel ließ sich in dieser neoliberalen Phase ein neoliberales Programm aufschwatzen – oder entwickelte es selbst – und trat damit bei der Bundestagswahl an. Trotz der sehr guten Voraussetzungen verlor sie fast noch. Ich habe sie am Tag danach zusammen mit Giovanni di Lorenzo für ein Interview besucht, und wir fanden eine ziemlich erschütterte Politikerin vor. Trauma wäre zu viel gesagt, aber zutiefst prägend war es schon. Mit dieser Wahl starb die Vorstellung in ihr, dass man in Deutschland überhaupt programmatische Politik wagen sollte. Das hat sie danach auch nie wieder getan. Die anderen Parteien wiederum lernten von diesem auf erfolgreiche Weise Nicht-Programmatischen und versuchten in der Folge, ihre Programme zu verunsichtbaren, um den Leuten nicht sagen zu müssen, was sie vorhatten – falls sie überhaupt irgendetwas vorhatten. Sie wollten nicht ins Risiko gehen. Das Problem ist hier: Wo keine Programmatik, da keine Prävention, was sehr ungünstig ist bei einer Klimakrise oder auch bei Viren.

Angela Merkel hat Westdeutschland immer für ein verwöhntes Land und die Leute dort für nicht so wahnsinnig fleißig gehalten. Deshalb hatte sie schon den Impuls, etwas verändern zu wollen, nur eben nicht mit Ankündigung. Sie hat Veränderungen immer anders realisiert.

LUISA Wie?

BERND Sie hat Krisen benannt und das Land dann durch die Legitimation dieser Krisen – und nicht durch vorher angekündigte Programme – verändert. Nicht durch politische Alternativen, die sie zur Wahl gestellt hätte, sondern durch zugespitzte Situationen, in denen es kaum noch Alternativen gab. Für die Themen Ökologie und Klima wurde das von Jahr zu Jahr zu einem immer größeren Problem, weil es nicht möglich ist, Klimapolitik zu machen, ohne es den Leuten vorher anzukündigen, denn beim Klima werden heute Wirkungen erzeugt, die sich erst in einem Jahrzehnt zeigen. Im Falle der Atomkraft hat sie einmal eine Krise genutzt oder besser: benutzt, um strukturell etwas zu ändern, und hat einen sehr weit entfernten Unfall in Fukushima zum Anlass genommen, den Atomausstieg in Deutschland zu beschließen. Das war schon ein großes Ding, aber nicht vergleichbar mit dem Klimathema, da jedoch nimmt sie beispielsweise nicht mal das reale Waldsterben in Deutschland als Anlass für eine krisenlegitimierte Politik à la Merkel. Da sie überhaupt nie Legitimation aus Programmen gezogen hat und beim Klima bisher keine großen, unübersehbaren Katastrophen passiert sind, war sie nicht in der Lage, eine Klimapolitik zu betreiben, die diesen Namen verdient hat.

Das alles, also die nicht-programmatische, nicht-präventive Politik ging so lange, bis die Krisen sogar für eine Krisen-Virtuosin wie Merkel zu groß wurden. Das Erfolgsmodell Bundesrepublik Deutschland, das Weiter-so als heimliches Staatsziel konnte nur von einer Frau wie ihr über das Verfallsdatum hinaus verlängert werden. Deswegen wird die Zäsur nach ihrer Kanzlerinnenschaft besonders tief sein. Mit ihrem Auszug aus dem Kanzleramt geht nicht nur die Ära Merkel zu Ende, sondern die Ära der Weiter-so-Republik.

LUISA Als du Angela Merkel kennengelernt hast …

BERND … Mitte der 90er …

LUISA … war ich noch nicht einmal geboren. Deshalb springe ich jetzt ein bisschen nach vorne. Ich bin Teil einer Generation, die praktisch kein anderes Regierungsoberhaupt kennt als Angela Merkel. Und das macht etwas mit einem. In der ersten Hälfte ihrer Amtszeit – bis ich 16 oder 17 Jahre alt war – hatte Merkel einen doppelt beruhigenden Effekt auf mich. Beruhigend und depolitisierend, genau genommen. Beruhigung verströmte die Selbstverständlichkeit, mit der sie an der Macht war, Stabilität wahrte, ruhig blieb, wenn es tobte, die Zeit des Wir-sind-auf-einem-guten-Weg verkörperte. Eine Politisierung tritt meiner Erfahrung nach dann ein, wenn man indirekt oder direkt Unrecht erfährt oder erlebt, wenn Politik die Grenzen des Legitimen überschreitet und aus persönlicher Empörung politisches Bewusstsein erwächst. Fast drei ganze Legislaturperioden lang gab es für mich, als privilegierter und gebildeter Teil einer jungen Generation, praktisch keinen Anlass, Politik zu hinterfragen. Frau Merkel war da, sie sprach in der *Tagesschau*, reiste, regelte, ich fühlte mich in einer sicheren, heilen, Gerechtigkeit schaffenden Welt gut aufgehoben. Stabilität: Maximum. Das, wohl bemerkt, in einem durchaus politischen Elternhaus. Auch ich ging als Kind protestieren, gegen Atomkraft oder für gerechtere Bildungspolitik, meine Eltern arbeiten in sozialen Berufen, sie hatten in den 90ern zusammen ein kleines Altenheim eröffnet. Eine etwaige politische Verunsicherung aber, durch die Gefahr der Atomkraft, geschweige denn der Klimakrise oder anderer Ungerechtigkeiten, ist bei mir nicht angekommen. Als etwa die Finanzkrise hereinbrach, war sie für mich in erster Linie weit weg, und fand, wenn überhaupt, im Fernsehen statt. Dass dadurch einige Väter von meinen Freundinnen ihre Jobs verloren, so mehr Zeit für die Familie hatten und auf einmal Mittagessen kochen konnten, fühlte sich für uns Kinder gar nicht so schlecht an an. Ich konnte natürlich nicht überblicken, was das ökonomisch bedeuten würde, was ich aber lernte, war: Wenn das eine Krise ist, dann kann es nicht so schlimm um uns bestellt sein. Es war eine Zeit, in der es sehr leicht war, diese scheinbar anhaltende, lebensweltliche Stabilität der Regierung anzurechnen. Wenn wir bei uns im Wohnzimmer Wahlparties gefeiert haben, dann war vermutlich selten jemand im Raum, der die CDU tatsächlich gewählt hatte. Und trotzdem war eine Wiederwahl nach der anderen für die versammelte Mannschaft gut aushaltbar. Bei Merkel wusste man, bei aller routinierten Unzufriedenheit, woran man war. Die Depolitisierung von der ich eingangs sprach, ergab sich dann daraus, dass zusätzlich zu besagter Stabilitätswahrung ohne Anlass zur Empörung, mein Frau-Werden von Merkel auf eigentümliche Weise entzaubert wurde. In einem Land, in dem Frauen in so vielen Dimensionen diskriminiert werden – sei es in Gehalts- oder Aufstiegsfragen, in der Frage der politischen oder medialen Repräsentanz oder Sicherheit auf der Straße oder im Netz – könnte man davon ausgehen, dass Mädchen und junge Frauen irgendwann anfangen, die fehlende Gleichberechtigung zu hinterfragen, sich aufzuregen und politisch zu werden. Wenn man jetzt aber aufwächst, und Jahr für Jahr für Jahr der mächtigste Mensch des Landes eine Frau ist, die es zwar schafft, so wenig Frau zu sein, dass man es manchmal vergisst, aber eben doch Frau bleibt, verhängt es meinen Blick auf eine Geschlechterdiskriminierung, die mich mehr als stutzig machen sollte. Im Nachhinein war Merkels Aussparung jeglicher feministischer Impulse vielleicht eine logische Überlebensstrategie in patriarchalen Machtzentren. Bloß hatte es eben auch den Effekt, dass die strukturelle Verankerung der sexuellen Diskriminierung, die wohl jede junge Frau in diesem Land irgendwann erlebt, vor dem Hintergrund einer Kanzlerin vernebelte. Stattdessen wirkte jeder patriarchale Spruch, jede Hand, jedes Abraten von zu ehrgeizigen Zielen, jeder Moment der sexuellen Belästigung auf mich eher wie ein Einzelfall, ein Unfall in einem Land, in dem eine Frau Kanzlerin werden kann. Ganz ohne Quote, sondern durch Fleiß und Arbeit im System.

Dass da »einfach so« eine Frau im Zentrum der Macht saß, hat bei mir viel zu lange die Illusion aufrechterhalten, ich als junger Mensch könne alles erreichen und hätte nichts zu befürchten. Und ja, auch unter der Regierung von Angela Merkel gab es bei mir schon lange ein ökologisches Flimmern, das stark durch meine Großmutter geprägt war. Aber Merkel, die Physikerin, würde sich ja kümmern, wie immer.

BERND Und dann?

LUISA Nun, dann kam 2015, und damit sowohl Geflüchtete als auch das Pariser Abkommen. Auf einmal wurde aus der Institution Merkel eine Politikerin, eine Frau mit einer Haltung. In Sachen Migrationspolitik schien sehr sympathisch, dass sie sich als Konservative so klar positionierte. Inwiefern die Regierung dazu beigetragen hatte, Fluchtursachen mitzuproduzieren, war kaum Thema. Im selben Jahr stimmte mich die Verabschiedung des Pariser Abkommens zuversichtlich, dass alles schon werden, und man sich vermehrt der Klimapolitik zuwenden würde. Was ich jetzt weiß: In all den Alles-wird-immer-besser-mit-Merkel-Jahren ist *natürlich* ununterbrochen auch Klimapolitik gemacht worden, aber eine schädliche.

BERND Eine Krisen fördernde Politik.

LUISA Genau. Für eine lange Zeit wurde es vielen in meiner Generation sehr leicht gemacht, sich rauszunehmen und davon auszugehen, dass alles gut würde. Das war natürlich eine trügerische Sicherheit. Denn die Politik, die betrieben wurde, war so anti-ökologisch, dass es eigentlich 1000 Gründe für mich hätte geben müssen, auch schon viele Jahre früher streiken zu gehen. Diese Politik war kein Zufall, kein Versehen, kein Nebenprodukt des politischen Alltags. Genau wie man Klimaschutz plant und umsetzt, plant man auch Klimazerstörung. Die Maschinen, die Kohle fördern, Dörfer zerstören, Bäume fällen, Straßen bauen, und Böden versiegeln, auch Maschinen, die Abgaswerte manipulieren statt die Luft und die Ökosysteme intakt zu halten – sie werden von Menschen beaufsichtigt. Und von der Politik beauftragt oder zumindest gebilligt. Und ganz oben in der Politik war eben nunmehr 16 Jahre lang Angela Merkel. 16 Jahre wären der Zeitraum gewesen, den wir gut hätten nutzen können, um Transformationen innerhalb unseres CO_2-Budgets anzustoßen. Stattdessen wurden sie weitgehend verhindert – während ich, wie so viele andere, glaubte, man hätte die Lage im Griff.

BERND Ich denke auch, viele Menschen hatten das Gefühl, dass es mit Merkel schon irgendwie ganz gut läuft. Mir ging es auch so. Seit sie Kanzlerin wurde, rückte ja nicht die Republik nach rechts, was man bei einer konservativen Partei immerhin hätte erwarten können, sondern die CDU rückte nach links und in Richtung Grün. Und als dann 2011 noch der Atomausstieg dazukam, dachte ich als jemand, der schon in seiner Jugend gegen AKWs demonstriert hatte: Jetzt hat sich ein Kreis geschlossen, Happy End. Es ist ja durchaus wahr, dass das ökologische Bewusstsein in den Jahren der Merkel-Kanzlerinnenschaft immer mehr zugenommen hat. Es war aber auch für mich und meinen durch Wohlstand belegten Aufstieg bequemer zu denken, dass die Dinge so ungefähr in die richtige Richtung laufen. Das

Ungefähre war dabei entscheidend: nicht zu genau hingucken. Tatsächlich hätte man, hätte auch ich, viel früher merken müssen, dass die Natur dabei immer mehr kaputtging und die Klimaziele weit verfehlt würden. Das mag für dich merkwürdig klingen, aber ökologisches Bewusstsein und ökologische Zerstörung entwickelten sich synchron und harmonisch.

LUISA Und was, wenn in den Medien genauer darüber berichtet worden wäre?

BERND Das wurde getan.

LUISA Wo?

BERND Meistens weiter hinten in den Zeitungen und weiter unten auf den Websites, das ist ganz klar. Da wir es als alte Bundesrepublikaner:innen aber gewohnt waren, dass allmähliche Politik und kleine Schritte immer einigermaßen gut funktionierten und auch genügten, dachte man, das würde für die Umweltpolitik ebenfalls gelten, während die Kluft zwischen Realität und Politik immer tiefer wurde. Angela Merkels Umwelt- oder Klimapolitik ist von A bis Z von Paradoxien begleitet. Eine besteht darin, nach Paris zu gehen, zu unterschreiben und dann nach Hause zu kommen und sich für die Automobilindustrie einzusetzen, damit die Abgasvorschriften nicht so scharf sind.

LUISA Ist das eine Erklärung oder eine Entschuldigung?

BERND Eine Erklärung.

LUISA Es war für uns als Bewegung ein merkwürdiger Einstieg in die politische Arena. Von jetzt auf gleich standen vor uns lauter Politiker:innen, die vor allem unbeholfen wirkten. Denkwürdig war Peter Altmaier auf unserer ersten Demo. Damals streikten wir das erste Mal richtig groß vor seinem Ministerium. Sein Büro rief mich an dem Morgen an, um anzubieten, dass Herr Altmaier auf der Demo sprechen könnte. Das kam natürlich nicht infrage, wir bestreiten ja seine Politik, wenn er etwas dazu sagen wollen würde, würde es ihm ja nicht an Plattformen mangeln. Wir hatten das Angebot dann schon wieder halb vergessen, die Stimmung war fantastisch, die Sonne strahlte, ein Meer an Schildern vor dem Wirtschaftsministerium hüpfte gegen die Kohle. Und auf einmal taucht – unangekündigt – Peter Altmaier samt Kavallerie auf, und fand sich hochgradig verlegen einer Masse von jungen Leuten gegenüber, die hingegen kein bisschen zu verlegen war, um ihm ins Gesicht zu sagen, was sie von seiner Kohlepolitik hielt. Eine Woche später saß ich mit ihm in einem *Spiegel*-Streitgespräch und er sagte zu mir, ich könne die Probleme ja gerne auch selbst lösen – wenn ich in entsprechenden Positionen sei. Das war das Gegenteil von dem, was ich mir unter einer Politik ausgemalt hatte, auf die ich mich verlassen kann.

BERND Ein Teil dieser klassischen deutschen Politik – langsam, klein, graduell, konsensual – war ja immer die Alternativlosigkeit. Die Dinge ließ man, wie gesagt, so weit treiben, bis keine Alternative mehr da war. Die Verringerung der Wahlmöglichkeiten bedeutet aber auch immer eine Schwächung der Demokratie. Das war eines der Probleme der Ära Merkel/Altmaier und das ist auch ein Problem unserer Zeit, wie man in der Pandemie gesehen hat. Dieser Typus von Politik ist unfähig, Prävention zu betreiben, weil er keine Programmatik betreibt, weil er keine Legitimation für Veränderungen erwirbt. Das alles holt diese Art von Politik jetzt ein, weil – wie Joe Biden so schön gesagt hat – wir in einer Kaskade von Krisen leben. Und wenn man da nicht irgendwann der Krise zuvorkommt, wird man in einer Welt atemloser Alternativlosigkeiten und permanenter

Notstände landen. Insofern ist es natürlich gut, dass die Ära Merkel vorbei ist. Und was Altmaier und dein Gespräch angeht: Das ist sehr interessant. Ihr habt 2019 geredet und dann kam das mickrige Klimapaket der Bundesregierung.

LUISA Das war acht Monate später.

BERND Ja, genau. Und da fiel der im Grunde entlarvende Satz von Angela Merkel: »Politik ist das, was möglich ist.« Das ist die Tautologie der Macht. Das bedeutet eigentlich: »Wenn wir nicht mehr schaffen, dann ist das der Beweis dafür, dass nicht mehr möglich war.« Das ist eine Hermetik, die sich nicht nur gegen den Raum des Möglichen abschließt, sondern auch gegen die Möglichkeit, dass man selber versagt oder zu wenig geschafft hat, weil man nicht konzentriert oder gut genug oder zu feige war. Das war für mich ein Bruchpunkt mit der Merkel-Methode – obwohl ich immer noch finde, dass sie alles in allem eine ziemlich tolle Politikerin ist oder war. Der Politikstil der Ära Merkel, den in der Zeit fast alle nachgeahmt haben – sowieso die SPD, aber auch die Grünen – wurde dadurch zur Politik an sich verklärt, was de facto nicht der Fall ist, denn Deutschland wäre nicht dorthin gekommen, wo es heute ist, wenn nicht auch ein paar Menschen programmatische Politik gemacht hätten. Willy Brandt zum Beispiel. Und dieses Land wird keinen Schritt weiterkommen, wenn nicht große Schritte dabei sind. Politik kann nicht so klein sein wie bisher, sondern muss so groß sein wie die Probleme, die sie verursacht und nun zu lösen hat, jedenfalls ungefähr. In der Coronakrise ist mit Blick auf den tradierten Politikstil aber noch etwas anderes Hochspannendes passiert. Traditionell geht man hier davon aus, dass die Wahrheit in der Mitte liegt, dass eine Politik, die sich zwischen zwei Polen positioniert, niemals ganz danebenliegen kann. Corona hat gezeigt, dass das nicht stimmt, weil die Politik da diejenigen verloren hat, denen die Lockdowns zu hart waren, und diejenigen, denen sie zu weich waren, und drittens hat sie den Kampf gegen das Virus in der dritten Welle lange nicht gewonnen. Die Mitte zwischen ein bisschen Lockdown und hartem Lockdown heißt eben: langer Lockdown. Der tiefere Grund dafür ist offensichtlich: Bei exponentiellen Krisen wie der Verbreitung eines Virus oder bei kumulativen Krisen, die Kipppunkte bereithalten, funktioniert der Mittelweg nicht. Da muss es um eine Politik gehen, die die Eskalation des Problems verhindern kann, das ist das Kriterium, nicht ob man in einer gedachten Mitte zwischen den extremen Meinungen steht. Man muss möglich machen, was nötig ist.

LUISA Zurück zum Ende der Ära Merkel: Von dem, was du erzählst, habe ich auch etwas gespürt, als ich Angela Merkel zum ersten mal länger persönlich begegnet bin. Und auch in anderen Gesprächen, die wir Aktivist:innen, vielfach Greta und ich, inzwischen mit diversen Staats- und Regierungschefs geführt haben.

BERND Du weißt schon, dass das sehr besonders ist, oder?

LUISA I know, ich habe aufgehört, das absurd zu finden, die Klimakrise ist selbst schon so absurd, da ist es nur logisch, dass sie eine Reihe Absurditäten produziert. Kein Gespräch war so prominent begleitet und so symbolträchtig wie das Gespräch mit Angela Merkel im August 2020. Normalerweise versuchen wir bei solchen Treffen sehr vorsichtig mit unseren Hoffnungen zu sein. Hoffnung ist gefährlich, weil sie schnell ablenkt, und sie raubt Energie, wenn sie enttäuscht wird. Bei Merkel allerdings konnte ich nicht anders, als leise Hoffnung zu haben. Vielleicht weil sich das Ende ihrer Amtszeit näherte, weil man so viel von ihrem politischen Erbe sprach oder weil man sicher sein konnte, dass sie als Physikerin die Sache inhaltlich durchdringt. Am Ende war es zumindest ein sehr interessantes Gespräch, ich hatte das Gefühl einer neugierigen und hochintelligenten Frau zu begegnen, die man menschlich sehr sympathisch finden kann. Und trotzdem, vielleicht gerade weil dieses Gespräch so große Wellen geschlagen hatte, hat es mich zutiefst bedrückt. Wenn man als junger Menschen gegen die Klimakrise kämpft, muss man sich viel anhören, das ist okay. Man muss viele Gespräche führen, die einen innerlich zum Weinen bringen. Aber es gibt einiges, was man ausgerechnet von einer der mächtigsten Frauen der Welt nicht gerne hören möchte. Beispielsweise, dass einkalkuliert wird, dass erst humanitäre Katastrophen eintreten müssen, bevor man politisch radikal einlenkt. Das wird dann übersetzt mit: »Wenn die Krise erstmal hier ist ...«. Das von dir skizzierte Verständnis von Krisen als Motor programmatischer Entscheidungen wurde so viel offensiver kommuniziert, als ich es erwartet hatte. Ich habe Frau Merkel auch damals schon im Gespräch gesagt, dass ich das für eine Frage des politischen Willens halte. Wenn der Hurrikan Katrina im Süden der USA Schäden in Milliardenhöhe anrichtet, wenn klimainduzierte Hungersnöte im Mittleren Osten ausbrechen, wenn in Australien so viel Waldfläche verbrennt, dass durch die plötzlich fehlenden Emissionssenken der Emissionshaushalt Australiens Kopf steht, dann sind die Katastrophen ja da. Nur entscheidet man sich, nicht hinzugucken, sie nicht ernst zu nehmen, sie nicht im Kontext der Klimakrise zu verstehen, obwohl die Wucht dieser Ereignisse evident ist: Sie werden dokumentiert und fotografiert, die Opfer werden gezählt. Es ist eine Entscheidung, sie als Handlungsaufforderung zu begreifen, oder nicht. Und Frau Merkel hat dahingehend eine Entscheidung gefällt. Es war hart für mich, dort, am Konferenztisch, als Frau Merkel uns versucht hat zu erklären, warum nicht gehandelt wird. Und Klimapolitik scheint in ihren Augen ohnehin schwerlich vereinbar mit gesellschaftlichem Zusammenhalt und der Demokratie. Wie kann man das vertreten? Zum einen hat sie doch zu keinem Zeitpunkt ernsthaft probiert, effektive Mehrheiten für Klimagerechtigkeit zu organisieren. Zum anderen liegt es auf der Hand, dass die Klimakrise selbst die große Gefahr für Gesellschaft und Freiheitsrechte ist.

BERND Ja, es ist schon interessant, wo Merkel etwas zur Krise erklärt, um damit disruptive Politik zu machen und wo nicht. Der Atomunfall von Fukushima beispielsweise, das war eine Krise, die sie eigentlich nicht hätte nehmen, also zur Krise für Deutschland erklären müssen, sie hätte auch sagen können, Japan ist weit weg und Tsunamis gibt es bei uns eher selten. Aber diese mythische Kraft des Unfalls – es ging um Atomkraft, es war in Japan, wo 1945 Atombomben gefallen waren – hat für den Moment eine unglaubliche Verdichtung erzeugt. Emotional war das für die Deutschen wie ein Ereignis, das sie selbst erlebt hatten. Vor allem aber: Die Mehrheiten waren in Deutschland schon lange gegen Atomkraft, sie hat also den Atomunfall nicht genutzt, um Mehrheiten für eine neue Politik zu gewinnen, sondern um die dogmatische und minoritäre Position ihrer Partei an diese Mehrheiten anzupassen.

LUISA Man könnte genauso gut den deutschen Wald nehmen, dessen Kronen zu 80 Prozent licht sind, was übersetzt so viel heißt wie: Es geht ihm so schlecht wie nie. Man könnte auch die 20 000 Hitzetoten im Sommer 2018 anführen. Die Klimakrise wird uns hoffentlich nicht das perfekte mythische Ereignis bieten, das sich uns fein säuberlich orchestriert als Argumentationsgrundlage für weitreichende Klimamaßnahmen anbietet. Sich der ökologischen Krisen anzunehmen, ist eine Frage des politischen Willens.

BERND An welcher Stelle war für dich erkennbar, dass die Diskrepanz zwischen der Regierungspolitik und dem, was nötig ist, nicht auf einer rein parteipolitischen Ebene zu bekämpfen ist?

LUISA Das ist jetzt ein kleiner Sprung zurück, weg von Merkels Konferenztisch, hinein nach Polen. Ich hatte 2018 die Möglichkeit, zur Klimakonferenz nach Katowice in Polen zu fahren. Nach alldem, was ich wusste, hatte ich in meiner Naivität erwartet, dort eine Welt der Problemlöser:innen zu erleben. Diese Erwartung finde ich heute auf etwas melancholische Art schön und logisch, schließlich kamen Staaten dorthin, die das Pariser Abkommen unterschrieben hatten und – wie ich dachte – ein Interesse daran hatten, die Klimakrise zu stoppen. Innerhalb der Konferenzräume aber eröffnete sich mir eine Welt, die brutal mit der Krisen-Wirklichkeit kollidierte, die man im vorangegangen Jahr erlebt hatte. Du erinnerst dich, es war das Jahr der großen Brände in ganz Europa, Hitzesommer, Hambi , also der Hambacher Wald, bleibt. Man bot den Teilnehmenden allen Ernstes kleine Goodies in Form von Ohrringen in Kohledesign an – die Konferenz war nämlich unter anderem von der Kohleindustrie gesponsert. Währenddessen hasteten gestresste Anzüge durch die Hallen, um Paragraphen und Prozentzahlen zu diskutieren, die dann eine Grundlage bieten würden, um noch mehr Paragraphen und Prozente zu diskutieren und so weiter. Von der Dringlichkeit der Klimakrise war keine Spur, es wirkte, als wäre der Prozess des Pariser Abkommens zum diplomatischen Selbstzweck geworden, abgedriftet von der molekularen Wirklichkeit und verschlungen in Logiken, die ausschließlich sich selbst bestärkten. Aus Deutschland waren recht viele junge Menschen vor Ort, es war dann eine große Ehre, den deutschen Vize-Verhandler zu treffen, der uns in sehr langen Sätzen erklärte, warum alles nicht so schnell ging, wie man es sich wünschen würde, und Saudi-Arabien gerade Probleme machte. Während ich dort zwischen Kohlestaub und Kopfschmerz probierte, die Welt zu verstehen, fand in Hamburg die Wahl für den CDU-Vorsitz statt. Im Vorfeld hatte man einen wahnsinnig aufwendigen Wahlkampf veranstaltet, in dem die schlussendliche Gewinnerin Annegret Kramp-Karrenbauer aber zu keinem Zeitpunkt ernsthaft ausführlich zur Klimakrise befragt wurde. Kein Mal. Man handelte AKK damals als potenzielle Nachfolgerin Merkels. Und da saß ich nun, bei der Klimakonferenz in Katowice, die im Begriff war, ein politisches Desaster zu werden, und dachte darüber nach, was uns mit AKK nach 16 Jahren Merkel wohl blühen würde. Und schlagartig verlor ich auf vielfache Weise Hoffnung: Hoffnung in die Fähigkeit der Klimakonferenzen, die Klimakrise in den Griff zu bekommen, Hoffnung in die CDU, die im Jahr 2018 eine Frau an die Spitze gewählt hatte, von der niemand die Gewissheit haben konnte, dass sie einen Plan für die Klimakrise hat – und auch Hoffnung in die Medien, die es nicht für nötig gehalten haben, einmal ausführlich nachzufragen. In meinen Augen passte das alles hinten und vorne nicht, wir müssten eigentlich alle auf den Tischen stehen. Wir müssten rebellieren, wir müssten doch irgendetwas machen.

BERND Wenn ich kurz etwas zur Diplomatie einschieben kann, darum geht es ja bei diesen Veranstaltungen. Und diese Diplomatie ist aus den Erfahrungen des 19. und 20. Jahrhunderts heraus immer eine blutleere Veranstaltung – und muss es auch sein, weil Diplomatie in aller Regel die Funktion hat, Konflikte zu entschärfen. Wenn du das gesamte Unrecht, das du als Land oder als Gruppe empfindest, mit einbringst und die ganze Dramatik eins zu eins verhandelt haben willst, dann wird es keine Einigung geben, sondern nur Zoff, dann stehen meine Toten gegen deine Toten, mein Drama ist so groß wie deins. Deswegen ist Diplomatie halt immer ein bisschen blutleer und dadurch zivilisierend.

LUISA Und wenn man das nun eine Runde weiterspinnt, wird offensichtlich, was der Haken bei der Sache ist: Es scheint zwar logisch, oder erwartbar, dass man versucht, die Klimakrise mit den diplomatischen Methoden des 20. Jahrhunderts zu lösen, es ist bloß zum Scheitern verurteilt. »Reden statt Handeln« ist in Zeiten nuklearer Aufrüstung ein tolles Mantra. Es beruhigt. In der Klimafrage hingegen ebnete genau das den Weg Richtung Klimakatastrophe. Und sollte maximal beunruhigen. Das Pariser Klimaabkommen ist in seiner jetzigen Form zustande gekommen, weil man es gewagt hat, Lebensrealitäten ernst zu nehmen und in die diplomatischen Entscheidungsprozesse einziehen zu lassen. Damals haben sich unter anderem Inselstaaten und andere bedrohte Staaten zusammengeschlossen und für das 1,5-Grad-Ziel gekämpft. Das wurde zunächst belächelt, aber sie ließen sich nicht abbringen. Man hat sich schließlich auf 1,5 Grad geeinigt, weil in Paris auf Druck einer wirklich einzigartigen Koalition anerkannt wurde, dass es Lebensrealitäten gibt, die unter zwei Grad schlicht

nicht mehr stattfinden können. Damit wurden, glücklicher-
weise, traditionelle Machtverhältnisse radikal übergangen –
historisch machen reiche Staaten aus dem globalen Norden
die Ansagen. Diejenigen, die durch das Handeln besagter
reicher Staaten benachteiligt werden – und den großen
Emittenten eigentlich ununterbrochen einen Spiegel plus
Rechnung vorhalten müssten – sind in den allermeisten
Fällen nicht vertreten. Die Diplomatie des 20. Jahrhunderts hat die Klimakrise an den Punkt gebracht, an dem wir
heute sind. Und wenn traditionelle politische Logiken
nicht neu gedacht werden, scheint es mir naiv anzunehmen, dass wir in der Lage sein werden, noch rechtzeitig auf
die Klimakrise zu reagieren.

BERND Hättest du mich nicht unterbrochen, hätte ich gesagt,
dass sich mein Gedanke auf kriegshaltige Konflikte bezieht. Ich behaupte ja nicht, dass diese Vorgehensweise
heute noch und auf allen Feldern richtig ist, aber so funktioniert Diplomatie eben üblicherweise. Und du hast völlig
recht: Diplomatie ist nur solange berechtigterweise blutleer und realitätsavers, wie man sagen kann: »Während geredet wird, wird wenigstens nicht geschossen.« Beim
Klima gilt: »Während geredet wird, wird weiter emittiert.«
In Paris war es anders, deswegen wurde das Beschlossene
auch erst danach entleert. Alle zusammen beschließen eine
Revolution, und schon auf der Rückreise von Paris beginnt
die Konterrevolution.

LUISA Ja, das ist das Tragische bei der Geschichte von Paris.
Und 2018 hat man in Katowice verhindert, dass dringend
notwendige Schritte gegangen werden, obwohl ja bekannt
war, dass die materielle Verhandlungsgrundlage immer
weiter aus den Händen gleiten würde. Man sagt, dass wir
bis zum Jahr 2030 eine Emissionsreduktion von 45 Prozent

im Vergleich zu 2010 brauchen. Und die Länder planten bis zum Biden-Summit im April 2021 eine Reduktion von einem Prozent. Nach dem Gipfel lag sie immerhin bei 13 bis 14 Prozent. Trotzdem geht das nicht auf. Alle großen Regierungen der heutigen Zeit bejahen Paris, und alle zusammen machen sie es immer unmöglicher, das Abkommen noch einzuhalten. Alles in allem schien es spätestens nach Katowice offensichtlich für mich, dass es einen tatsächlichen Aufstand braucht, damit sich etwas bewegt. Als Annegret Kramp-Karrenbauer dann auch noch klimaunbefragt gewählt wurde, hielt ich es nicht mehr aus, nichts zu tun.

BERND Ich habe sie direkt nach der Wahl interviewt und habe nach der Ökologie gefragt.

LUISA Nach der Wahl? Wie wäre es gewesen, das davor zu machen?

BERND Du meinst, dann hätte man gesehen, dass Annegret Kramp-Karrenbauers Ökologiepolitik nicht gut genug ist und deshalb den bekannten Öko-Freak Friedrich Merz gewählt?

LUISA Nein. Aber man hätte vor diesen Wahlen, wie vor jeder Wahl, die Klimafrage stellen müssen, um den Leuten wenigstens eine Chance zu geben, sich ein Bild zu machen.

BERND Ich habe sie also *nach* der Wahl gefragt und war wirklich entsetzt, dass sie weder ernstes Interesse noch wirklich Ahnung zu haben schien.

LUISA Ich gebe mir ja Mühe, dich nicht für alle großen Fehler der deutschen Medienlandschaft zur Verantwortung zu ziehen.

BERND Aber?

LUISA Aber im ersten Moment nach der Wahl von AKK dachte ich kurz, ich muss Journalistin werden, weil ich mich gefragt habe, warum zur Hölle niemand nachfragt. Mir wurde dann natürlich schnell klar, dass der Journalismus alleine auch nicht das Klima an die erste Stelle rücken kann. Dann dachte ich, ich müsse in die CDU eintreten. Ich hatte im Geiste die CDU-Wahl vor mir: Tausend Delegierte sitzen in einem großen Raum und niemand springt auf und sagt: »Leute, was machen wir hier? Wir wählen unsere Vorsitzende und wir wissen nicht, ob sie Ökologie kann?« Wie kann es sein, dass in dieser ganzen Galaxie von Stimmen und Akteur:innen keiner das Thema Ökologie aufgebracht hat?

BERND Es stand kein Ökologe zur Wahl. Der Konkurrent war Friedrich Merz.

LUISA Das ist doch eine unlogische Argumentation. Das ist, als würde sich jemand als CDU-Vorsitz bewerben, der sich zwar ganz toll mit Gesundheitspolitik auskennt, aber leider nichts zur Wirtschaft oder Digitalisierung sagen kann. Den würde man nicht von Wirtschaftsfragen befreien, weil er da politisch nicht zu Hause ist. Nein, man würde an jemanden, der vorhat, die größte Partei des Landes zu führen, die logische Erwartung formulieren, dass er auch dazu was sagen kann, weil die wirtschaftliche Entwicklung überall eine Rolle spielt. Ebenso wie die Ökologie. Emissionen entstehen schließlich in jeder Ecke und in jedem wirtschaftlichen Sektor der Republik. Aber nein, es wurde politisch, medial und gesellschaftlich möglich gemacht, dass bei einer so wichtigen Wahl das Thema Klima nicht stattgefunden hat, nachdem es den halben Sommer lang irgendwo in Europa gebrannt hatte, nachdem 50 000 Leute in den Hambacher Wald gefahren sind, um zu protestieren.

BERND Deutschland ist zutiefst geprägt von der Angst aus der dunklen Vergangenheit und hat sehr große Schwierigkeiten mit der Angst vor der Zukunft. Im Nachhinein betrachtet wäre die Klimathematik ohne Fridays for Future nicht wiederbelebt worden. Sie war im Genuschel der NGOs, der Grünen und der anderen Parteien sediert. Es ist euer historisches Verdienst, keine Frage.

Und was hat man als Erstes gemacht? Man hat gefragt, warum ihr freitags nicht in der Schule seid. Und zwei Jahre später fragt man, warum ihr die Klimakrise noch nicht gelöst habt. Das ist schon ziemlich perfide. Dieser Trick, euch nicht ernst zu nehmen und euch zugleich alles aufzuladen.

LUISA Das Klimapaket, das 2019 beschlossen worden ist, war für uns ein doppelter Bruch. Zuerst schien alles hoffnungsvoll, die Straßen waren voll, Woche für Woche, es vibrierte. Ich erinnere nicht, damals regelmäßig länger als vier Stunden pro Nacht geschlafen zu haben, aber Himmel, es war eine Aufbruchsstimmung. Nachdem man jahrzehntelang gesagt hatte, dass Klimaschutz zu viel kostet und man deswegen nur wenig umsetzen kann, führte die Beschäftigung mit dem CO_2-Preis zur Diskussion, was uns die Klimakrise tatsächlich kostet – und ob sie vielleicht unbezahlbar ist. Und dann standen wir dort, beim viel besprochenen Protest am 20.9.2019, allein in Berlin mit über 200 000 Menschen, in Deutschland 1,4 Millionen, weltweit Millionen weitere, alle für das Klima, ein Menschheitsmoment und wir waren bereit. So richtig bereit. Man wollte weinen, es war so schön. Und dann kommt das Klimakabinett und stellt ein Klimapaket vor, was eigentlich aussagt, dass sie das, was zu dem Zeitpunkt in der Republik in Bewegung gekommen war, mehr oder weniger für eine Ponyhof-Angelegenheit hielten. Zehn Euro CO_2-Preis. Ich werde wütend, wenn ich nur dran denke. Ottmar Edenhofer, der Chefökonom des Potsdam-Instituts für

Klimafolgenforschung, der Frau Merkel berät, war derjenige, der 50 Euro vorgeschlagen hatte, als Mindestpreis, von dem man ausgehen würde, dass er beim CO_2-Ausstoß eine regulierende Wirkung entfalten könnte. Wir als Bewegung hatten 180 Euro gefordert, das schlägt auch das Bundesumweltamt vor. Es waren wirklich alle Türen offen. Hätten sie gesagt: »Wir machen 50 Euro«, hätten wir das okay gefunden. Wir hätten geantwortet: »Solider Anfang.« In einem Spektrum zwischen 180 und null Euro wurde sich auf zehn Euro geeinigt. Unfassbar.

BERND Dieses Klimapaket hat zwei Tage diskursiv gelebt und dann war es tot. Das hatte für die Bewegung schon eine dramatische Dimension.

LUISA Traumatisch würde ich fast behaupten.

BERND Normalerweise schafft es eine Bundesregierung, die dazugehörigen Wissenschaftler:innen und Institute bei einem so bedeutenden Gesetzgebungsverfahren mit einzubeziehen. Diesmal nicht: Zwei Tage nach dem Beschluss saßen Claudia Kemfert vom DIW, Peter Altmaier, Ottmar Edenhofer vom Potsdam-Institut, Annalena Baerbock und ich in der Sendung von Anne Will. Die erste Frage von Anne Will ging an Ottmar Edenhofer, der bei der Entscheidungsfindung konsultiert worden war: »Können mit dem Klimapaket der Bundesregierung die Klimaziele erreicht werden?« Seine Antwort war: »Nein.« An diesem Punkt hätte man die Sendung auch abbrechen können. Wenn die Regierung das Ziel gehabt haben sollte, eine neue Legitimation für ihre Klimapolitik zu erreichen, dann war das Ergebnis gleich null.

LUISA Wie erklärst du dir, dass es zu diesem Desaster kommen konnte?

BERND Aus Angst und Gewohnheit, Unsicherheit und Machtbräsigkeit. Vor 30 Jahren haben wir angefangen, über die Frage zu streiten, ob man das Klima retten kann, ohne dass die Leute auf etwas verzichten müssen. Vor 30 Jahren hätte man noch sagen können: »Ja.« Hätte man damals angefangen, so zu investieren, dass die Effizienz der Maschinen größer gewesen wäre, hätte man rechtzeitig auf regenerative Energien gesetzt, hätte man nicht so viele Emissionen gehabt und könnte jetzt viel sanfter vorgehen. Da man aber so lange gewartet hat, sind wir jetzt an einem Punkt angekommen, an dem es ohne weniger Fleisch, weniger Autos, weniger fliegen nicht geht. In diese Tatsachen muss die Politik jetzt hineingestoßen werden. Egal wie man in Richtung 1,5 Grad kommen will, ob mit Anreizen oder Verboten, mit CO_2-Steuer oder mit Zertifikate-Handel, am Ende wird immer stehen: Weniger Fleisch, weniger Autos, weniger fliegen. Mittlerweile habe ich diese unbequeme Tatsache auch schon von allen wichtigen Parteien bestätigt bekommen, bei manchen aber nur im Hintergrund: Bitte nicht schreiben!

LUISA Murmeln und Wurschteln waren zwei Modi, die bei Merkel anscheinend zusammengehörten. Es ist schließlich nicht so, als würde die CDU wurschteln und die anderen sich ökologisieren und dann anfangen, irgendetwas in die Wege zu leiten. Nein, es sind Parteien und Politiker:innen, die zusätzlich ununterbrochen daran arbeiten, diejenigen zu diskreditieren, die sich einsetzen. Ich erinnere mich gut an meine erste Erfahrung in der Öffentlichkeit, auf einmal kursierte dieser Hashtag, #langstreckenluisa. Das war vielleicht einen Monat, nachdem ich angefangen hatte, regelmäßig zu tweeten, und ich war in keiner Weise darauf vorbereitet. Es sagt einem ja niemand: »Hallo Luisa, schön dass du dich für Klimaschutz einsetzen möchtest, du müsstest nur damit rechnen, dass man deinen Instagram-Kanal bis in die letzte Ecke daraufhin untersuchen wird, wie emissionsintensiv du mal gelebt hast, scheinbare Erkenntnisse, Fotos und selbstgebastelte Grafiken zusammen mit ausführlicher Beschreibung möglicher Defizite deines Aussehens ungefragt auf allen möglichen Plattformen teilen, Videos daraus zusammenschneiden, Hashtags konzipieren und ohne Rücksicht auf Gefühle Lügen und Hass verbreiten wird.« Ein, sagen wir, leicht schmerzhafter Einstieg in die politische Welt war das. Diesen Mechanismus, von strukturellen großen Debatten abzulenken – Luisa ist ja schon mal mit einem großen Flugzeug geflogen – nennt der US-amerikanische Klimaforscher Michael E. Mann »Distraction«, also Ablenkung. Ähnliches gilt für die sogenannte »Division«: Man denkt, man braucht unbedingt ein Gegenstück zu etwas. Im Fall von Fridays for Future entstand am Anfang Fridays for Hubraum: Das war eine wirklich überschaubare Anzahl von Menschen hinter einer Facebook-Gruppe, prominenterweise ein paar Porschefahrer aus Stuttgart, die sofort in irgendeine Sendung eingeladen wurden, damit man mal etwas gegenüberstellen konnte, um die Gesellschaft zu spalten. Da wird sehr viel Arbeit investiert, um abzulenken und zu spalten. Und das nicht nur in einer shady Klimaleugner:innen-Ecke. Mit jedem Partei-Prospekt und Sustainability Report, der den Eindruck erweckt, man sei auf einem guten Weg und habe die Lage im Griff, wird letztendlich mit einem unglaublichen Aufwand die Illusion aufrechterhalten, dass es nicht mehr wirklich viele Gründe geben würde, für das Klima zu streiken.

BERND Letzten Winter, also 2020, ist aber etwas Interessantes passiert: Unter dem Druck der anhaltenden Klima-Problematik und mitten in der Pandemie haben die Grünen ein Grundsatzprogramm beschlossen und die Frage war, ob sie 1,5 Grad als Ziel überhaupt noch reinschreiben. Du und Fridays for Future habt euch dann in einem sozusagen merkelhaften Move die in Wahrheit nur sehr lose mit der Klimafrage verbundene Rodung im Dannenröder Wald für einen Autobahnbau rausgesucht, um einen Konflikt aufzumachen zwischen den Grünen und der Fridays-Bewegung. Das Ziel war es, die Grünen, die ja sehr genau wissen und ausgerechnet haben, was eine 1,5-Grad-Politik an Radikalität erfordert, dazu zu bringen, das trotz ihrer »realpolitischen« Ängste in ihr Parteiprogramm zu schreiben. Das wiederum hatte Folgen bei den anderen Parteien. Keine andere Partei möchte jetzt noch sagen: »Uns reichen auch 2 Grad.« Denn dann wäre die Antwort der Öffentlichkeit gewesen: »2 Grad? Wisst ihr, was das bedeutet? An Stürmen, an Toten, an Kosten?« Dieses Mehr an Katastrophe will sich natürlich keine Partei auf den Leib ziehen. Die Parteien, die weniger genau wissen, was 1,5-Grad-Politik wirklich bedeutet, gehen im Übrigen leichter, man kann auch sagen leichtfertiger mit dieser Zahl um als die Grünen. Markus Söder sagt: »1,5 Grad? Ja, klar!« Der hat die Konsequenzen etwa für den Autoverkehr oder für das Fliegen vermutlich noch nicht so genau vor Augen.

LUISA Paris all over again. Es sind sich alle einig, dass das alles vor fünf Jahren schon mal gesagt wurde.

BERND Dein Bestehen auf 1,5 Grad war trotzdem auf eine gewisse Art und Weise ein Erfolg. Nach Paris hat man Paris vergessen. Dann hat Fridays for Future Paris in Erinnerung gerufen und es sogar geschafft, 1,5 Grad als Richtschnur in die Diskussion zu bringen. Und jetzt versprechen die Parteien mehr, als sie mit der konventionellen deutschen Politik jemals werden realisieren können. Selbst wenn man die Ostpolitik, die Einführung des Euros und die Flüchtlingspolitik von Frau Merkel zusammennimmt, so bedeutete das noch weniger Veränderung, als jetzt nötig wäre für eine Politik, die auch nur bei 1,9 Grad rauskommt – und das ist die Lage vor der Bundestagswahl.

LUISA Nun haben wir über Merkel gesprochen, über einen angeblich merkelhaften Move von mir, über merkelisch zumutungsarme Politik. Aber was ist denn nun dein Urteil über sie nach 16 Jahren Kanzlerinnenschaft? Du kennst sie doch so gut.

BERND Wie gut man Angela Merkel als Journalist kennen kann, das sei mal dahingestellt. Ich finde es aber noch zu früh, eine Art Gesamtbewertung abzugeben, dazu braucht es zeitlichen Abstand. Mein Eindruck von ihr ist, dass sie die Letzte wäre, die die Notwendigkeit einer politischen Disruption in der Ära nach ihr bestreiten würde. Vorläufig würde ich sagen, dass Angela Merkel politisch-kulturell wahnsinnig viel bewirkt hat. Diese Art demütigungsfreier, beinahe racheloser Politik, dieser Anstand, diese Unkorrumpierbarkeit, die Bescheidenheit, ihre Art, öffentliche Frau zu sein und sich im Laufe der Jahre immer mehr emanzipierte, auf ihre Art sogar feministische Frau zu werden – das hat die Republik verändert und durchwirkt und davor habe ich großen Respekt.

LUISA Kein Aber?

BERND Doch, sicher. Ökologisch ist das Ergebnis schlecht, teilweise verheerend. Nun ließe sich einwenden, in anderen demokratischen Industrieländern ist es ökologisch auch nicht viel besser gelaufen. Doch das ist ja immer die fahlste und faulste Entschuldigung. Nein, man muss schon sagen, dass sie zu wenig getan hat, um die ökologische

Zerstörung zu bremsen, sie ist da nie an ihre Grenzen gegangen. Als jemand, der auf diesem Gebiet auch erst spät an seine Grenzen gegangen ist, will ich da aber nicht über sie urteilen, das wird sie schon selber machen, hoffe ich. Es würde mich wundern und enttäuschen, wenn Merkel sich zu dem »Mehr war nicht möglich« oder »Mehr hätte zum Erstarken der AfD geführt« einmuggeln würde. Hast du denn ein Gesamturteil über die bisher einzige Kanzlerin deines politisch bewussten Lebens?

LUISA Es ist schwierig. Ich fühle mich – auf andere Art als du – nicht in der Position, hier ein Urteil zu fällen. Vielleicht so: Auch weil sie so eine begabte, kluge, erfahrene Frau ist, macht es mich traurig, darüber nachzudenken, was in Merkels Amtszeit alles nicht gemacht wurde, was an Klimagefahren verschleiert und an Klimazerstörung zugelassen wurde. Was hätte man nur alles anstoßen können an großartigen, transformativen, klimagerechten Zukunftssicherungsprozessen. Jetzt bleibt nicht mehr als noch einmal die Länge der Ära Merkel übrig, um auf null Emissionen runterzukommen. Innerhalb von 15 Jahren das zu schaffen, wofür man gut und gerne auch 30 Jahre hätte brauchen können. Das kann noch heiter werden.

7. VON WEGEN SCHÖPFUNG – DAS KREUZ MIT DER UNION

Kann die Union Ökologie? – Trauen sich die Grünen? – Konservatismus im Epochenbruch – Skeptisch gegen das eigene Volk – Bloß keine Zumutungen

BERND Zusammenfassend sind wir uns also einig, dass alle Parteien ökologischer werden und diesen Weg auf ihre jeweils eigene Denkart beschreiten müssten. Die meisten haben sich bisher aber erst aus taktischen Gründen an die Ziele angepasst – aber wenn sie die Umsetzung konkretisieren würden, würden sie merken, dass diese von ihrer bisherigen Politik sehr weit entfernt wäre.

LUISA Dann ist es vielleicht ein taktisch sehr gut durchdachtes »aus Versehen«, dass ihre Pfade nicht aufgehen.

BERND Ja, genau, ein absichtsvolles »aus Versehen«. Jetzt gehen in der Öffentlichkeit alle davon aus – und das macht mich stutzig –, dass Schwarz-Grün die nächste Regierung bildet und das dann schon laufen wird. Ich glaube aber, dass das überhaupt kein Selbstläufer wird, denn es gibt eine Besonderheit bei dieser Wahl und beim Thema Klima: Die Erfolge, die vor allem die Grünen vorweisen müssen, wenn sie regieren, die sind bis aufs Molekül genau messbar, da kann es hinterher kein Rumgerede geben, im Sinne von, okay, die Emissionen sind nicht so dolle gesunken, dafür haben wir ein schönes neues Noch-bessere-Kita-Gesetz. Normalerweise kann Politik die Ergebnisse des eigenen Handelns immer ein wenig vernebeln. Nur in diesem Punkt wird das nicht funktionieren. Ihr von Fridays sagt zu Recht, mit dem Klima könne man nicht verhandeln, das gilt dann in gewissem Maße auch für die Grünen, über die Wege schon, aber über die Ziele nicht. Somit können die Grünen einen Koalitionsvertrag mit der Union nur unterschreiben, wenn sie damit nicht zugleich den Grundstein für eine grünere Klima-Partei legen.

LUISA Ja, die Grünen sind gefragt, Paris-konforme Politik zu machen, oder sie müssen damit rechnen, dass sie von wachsenden Kräften der 1,5-Grad-Verteidiger:innen in diesem Land überrannt werden.

BERND Das ist der Union meinen Recherchen nach überhaupt nicht klar. Dort denken sie, man könne sich mit den Grünen beim Klima in der Mitte treffen. In dieser Mitte werden sie aber keine Grünen antreffen. Die sind dann schon weg, vielleicht in einer Grün geführten Ampel-Koalition. Die CDU in Baden-Württemberg durfte das in diesem Jahr schon lernen. Hätten die nicht praktisch die Klimapolitik der Grünen schlicht gegengezeichnet, dann hätte es dort Grün-Schwarz einfach nicht gegeben.

Erschwerend kommt hinzu, dass die Union ein extrem kompliziertes, um nicht zu sagen kaputtes Verhältnis zum Thema Ökologie hat. Eigentlich überraschend, weil sie ja eine konservative Partei ist, die immer von Schöpfung redet und auf den Erhalt orientiert sein sollte. Ich kann mich aber an keine Situation erinnern, in der sich die Union bei den Alternativen Produktivismus, Wirtschaftsinteressen, Arbeitsplatz-Interessen auf der einen und Ökologie auf der anderen Seite irgendwann mal für die Ökologie entschieden hätte.

LUISA Warum tut sich die CDU in deinen Augen so schwer mit dem Thema?

BERND Vielleicht, weil Tradition und Konservatismus im Verständnis der CDU bedeuten, den Leuten nichts zuzumuten, die Leute so zu lassen, wie sie sind. Deswegen wäre die logische Folge eine Klimapolitik, die den Leuten nichts zumutet, die nur mit Maschinen, Geräten und neuen Antriebsstoffen stattfindet. Aber selbst dafür gibt es theoretische Angebote: Beispielsweise von Ralf Fücks, der eigentlich bei den Grünen ist, aber einen ökologischen Ansatz verfolgt, der besser zur Union passt, weil er garantiert zumutungs- und verzichtsfrei zu sein vorgibt. Tatsächlich hat es auch Versuche gegeben, diese Sachen zusammenzuführen. Als Annegret Kramp-Karrenbauer noch Vorsitzende der CDU war, hat sie mit Fücks darüber gesprochen, es gab sogar ein gemeinsames Buch dazu. Daraufhin habe ich Fücks gefragt, warum sein Ansatz bei der Union dennoch nicht ankommt, obwohl er doch so gut zu ihnen passt – viel besser als zu den Grünen, die das Weniger und den Verzicht nicht komplett ausblenden können, schon weil man ihnen das eh nicht glauben würde. Er antwortete, dass selbst die Veränderungsschmerzen, die eine rein technische Transformation mit sich bringen würde, schon zu viel für die CDU wären. Die Partei ist so wirtschaftsorientiert, aber auch so sehr davon überzeugt, dass man den Deutschen nichts zumuten darf, dass in ihrem Denken extrem wenig Spielraum vorhanden ist. Spielraum etwa für ökologische Veränderungen und die damit verbundene Lust – und ja, auch die damit verbundenen Schmerzen, die schließlich immer Teil großer Veränderungen sind. Und wir wissen ja aus dem echten Leben: Ohne Schmerz keine Lust und umgekehrt. Oder auch »There is no gain without struggle«, wie Martin Luther King sagte.

LUISA Du sprichst von einer Tradition, das ist natürlich wohlwollend, man könnte auch von einer Illusion sprechen. Denn die Idee, dass Klimaschutz keine Zumutung sein darf, negiert nun mal zu 100 Prozent die Tatsache, dass die Klimakrise *die* Zumutung schlechthin ist. Auch für die CDU-Wähler:innen und ihre Kinder, auch für die Menschen, die die CDU meint, hier präsentieren zu können, nicht zuletzt für einen ihrer erfolgreichsten Lobbyverbände, nämlich den Bauernverband. Denn die Agrarpolitik der Union zerstört nachhaltig die Grundlagen bäuerlichen Wirtschaftens in Deutschland. Ich frage mich, ob die CDU irgendwann in die Lage kommen wird – und ob sie das überhaupt möchte –, die eigenen Narrative der letzten Jahrzehnte öffentlich oder intern zu hinterfragen. Sie müsste vielleicht anerkennen, dass man in der Vergangenheit immer kreativer dabei geworden ist, die eigenen Widersprüche in der Klimakrise zu überdecken, statt in der Konzeption tatsächlicher Antworten. Umzukehren und anzuerkennen, dass die große Bedrohung von Freiheit und Demokratie nicht durch Klimaschutz kommt, sondern durch die Klimakrise. Anzuerkennen, dass das 21. Jahrhundert ohne schnellen Klimaschutz zur Zumutung wird – nicht nur für jene, die schon heute Klimafolgen spüren. Sich dessen anzunehmen, wäre vielleicht ein erster Schritt. Und ich weiß nicht, ob es Traditionsfragen, Ego-Fragen oder Identitätsfragen sind, die das verhindern.

BERND Dieser schwarze Mindset würde nun also auf die Grünen treffen, die keinen Spielraum haben, weil sie bis aufs Molekül genau an ihrem Erfolg gemessen werden.

Deswegen bin ich überhaupt nicht sicher, dass Schwarz-Grün einfach so klappen wird. Denn dazu müssten nicht etwa Grünen von ihren scheinbar radikalen Forderungen abgehen, sondern die Union müsste von ihrem radikalen Weiter-so runterkommen.

LUISA Wenn wir ehrlich sind, würden selbst zwei relativ ökologische Wahlprogramme alleine nicht reichen. Die Art und Weise, wie die Klimakrise demokratische Systeme herausfordert, greift ja weiter. Das fängt bei zahllosen europäischen und internationalen Vereinbarungen an, in denen die Bundesregierung steckt. Man denke etwa an den Energy Charter Treaty (ECT), der Regierungen dazu zwingt, horrende Summen an Entschädigungen an fossile Konzerne zu zahlen, sollten sie sich für einen schnelleren Ausstieg als vereinbart entscheiden. Nachdem die niederländische Regierung 2019 durch eine Klimaklage dazu gezwungen wurde, einen schnelleren Kohleausstieg einzuleiten, forderte RWE unter Berufung auf den ECT sage und schreibe 1,4 Trillionen Euro. Sind die Parteien bereit, die jahrzehntealten Verbindlichkeiten anzugehen und zu überwinden? Eine intakte Natur wirft kurzfristig wenig ab, ein unbebautes Stück Land, auf dem kein Haus, Gewerbegebiet oder keine Autobahn entsteht, ist in der aktuellen politischen Logik ein Verlust, verschenktes Potenzial. Wie ändert man das? So landen wir, neben den Parteiprogrammen, ganz schnell bei vielen kulturellen Fragen und auch Systemfragen.

BERND Und bei der Frage, was Kanzlerkandidat:in und Kanzler:in heutzutage bedeuten soll, wie viel Spielraum für echte Transformation sie haben.

LUISA Ich fand den Team-Ansatz, den Annalena Baerbock und Robert Habeck jedenfalls mal hatten, interessant.

Denn er fußt auf einer fast schon banalen Überlegung: Es ist eine wirklich merkwürdige Idee, etwas wie eine Kanzlerschaft einer einzigen Person zu übertragen. Wie kommt man darauf, dass die Herausforderungen dieses Amtes in unserer komplexen Welt alleine zu schultern sein sollten? Da denke ich zunächst auch mehr an die emotionalen, sozialen, mentalen Bürden, an diese krasse Einsamkeit, als an das Operative – das kommt ja noch dazu. Auch deshalb fiel die Entscheidung, wer von beiden kandidieren wird, für Außenstehende auch so schwer: Sie ergänzen sich, betreiben Aufgabenteilung, haben unterschiedliche Arten, die Menschen anzusprechen, weil sie unterschiedliche Worte finden, um über Themen zu sprechen. Sie repräsentieren einen Teamgeist in einer Zeit der politischen Einzelkämpfer:innen. Das durchbricht eine politische Kultur des männlichen Alleinganges, die offensichtlich nur sehr bedingt tragfähig ist. Grüße gehen raus an die Herren Spahn und Laschet an der Stelle. Aber vielleicht endet dieses Teamplay ja auch gar nicht, nur weil Annalena Baerbock als Kanzlerkandidatin nominiert wurde.

BERND Ist die Diskussion um die Entscheidung, wer es wird, eine von außen aufgezwungene?

LUISA Nein, das glaube ich nicht. Diese ewige Frage um die Spitzenkandidat:innen symbolisiert die absurde Reduktion dieses politischen Amts auf eine Person, die alles in ausreichendem Maße können und verkörpern muss: Sie muss charismatisch und bürokratisch sein, locker und staatstragend, sie muss auf 500 verschiedenen Politikfeldern extrem informiert sein, sie muss alles können und für jeden und jede ansprechbar sein. Geht das überhaupt? Vor allem in einer Zeit, in der die Komplexität der Welt so groß ist wie nie, in der wir ganz anders als früher über Neuigkeiten informiert werden, in der in jedem Augenblick irgendwo etwas Weltbewegendes passiert und diese Person dazu sofort sprechfähig sein muss. Die beiden machen es in meinen Augen gut, indem sie sich ergänzen und einen kollegialen, vielleicht auch solidarischen Umgang miteinander finden. Vielleicht wird es irgendwann normaler werden, dass man als Team in eine Kanzlerschaft eintritt.

Ich glaube, diese Entwicklungen könnten auch kommen, man müsste es im ersten Schritt allerdings wagen, ergebnisoffene Debatten darüber zu führen. Beispielsweise, indem man ernsthaft hinterfragt, ob es im Jahr 2021 eine gute, Demokratie stärkende Idee ist, einer Bundesrepublik nur eine einzige Kanzlerin oder einen einzigen Kanzler voranzustellen, die oder der keinen halbwegs gleichgestellten Vizekanzler oder Vizekanzlerin hat. Stattdessen treibt man Diskurse voran, die Tag und Nacht damit beschäftigt sind, eine Person hoch oder runter zu reden und das Schicksal und die Zukunft des Landes an den rechten Finger dieser einzelnen Person binden zu wollen. Muss man diese Debatte so führen? Mir scheint, die gesellschaftliche Auseinandersetzung und das Abarbeiten an dem Baerbock-Habeck-Team, das sich ja konsequent und lange erfolgreich dagegen gewehrt hat, symbolisiert genau das.

BERND Vielleicht wird es wirklich irgendwann möglich, an der Spitze ein Team zu haben. Das wäre dann ein weiterer Abschied von der patriarchalischen Struktur der Politik. Der erste Abschied fand nach meinem Eindruck statt, als auf einmal eine Frau an der Spitze der Bundesrepublik stand. Als Zweites müssten wir uns dann nach deiner Lesart von der Vorstellung verabschieden, eine einzige Figur oder Person an der Spitze zu haben, eine die, wie du sagst, alles abbildet: den einen mächtigen Vater oder die eine mächtige Mutter, der oder die einen beschützen oder den bzw. die man wenigsten hassen kann. Ich bin mir nicht sicher, ob das Land schon so weit ist. Ich bin mir nicht mal sicher, ob ich schon so weit bin. Immerhin geschieht bei dieser Wahl ja noch eine weitere post-patriarchale Verunsicherung. Denn wir haben zum ersten Mal in der Geschichte der Bundesrepublik die Situation, dass kein amtierender Kanzler und keine amtierende Kanzlerin zur Wahl stehen. Bei allem Respekt vor dem Bewerber:innenfeld: Wir haben dieses Mal nach der Nummer Eins keine Nummern Zwei, sondern praktisch nur Nummern Drei. Also lauter Menschen, die die patriarchalischen Schutzerwartungen nicht ganz erfüllen können. Das ist zunächst mal eine recht beunruhigende Konstellation, bietet aber die Möglichkeit, sich von dem Bild zu emanzipieren, dass da eine:r ist, der oder die das alles irgendwie regelt oder den oder die man bepöbeln kann. Markus Söder ist zwar ein recht ordentlicher Männlichkeits- und Entschiedenheitsdarsteller, der vielen eine Restsicherheit gegeben hätte, aber außerhalb von Bayern verliert sich diese sehr bayerische Aura üblicherweise auch schnell. Während Armin Laschet schon als Persönlichkeit signalisiert: »Ich alleine kann es nicht.«

LUISA Was ja auch als eine charmante Offenheit interpretiert werden kann.

BERND Stimmt. Nur, wenn du es charmant findest, werden es die traditionellen Unionswähler:innen wahrscheinlich nicht so doll finden. Aber bezogen auf die andere Frage, ob Schwarz-Grün überhaupt funktionieren kann, würde ich sagen, ist Laschet das größere Problem, weil er gegenüber den Grünen kein rein taktisches Verhältnis hat, sondern ernsthaft einen Groll gegen sie hegt. Das ist eine unnötige und störende Emotion, die da in ihm wirkt, abgesehen davon, dass Laschet als Ministerpräsident von NRW in einer gewissen fossilen Fraternität steht. Es könnte sein, dass sich das alles ungünstig auf die Zeit nach der Wahl auswirkt.

LUISA Wer seine politische Identität andauernd durch eine möglichst laute Abgrenzung von populistisch-grünen Klischees stabilisieren muss, wird es schwer haben in Zukunft, das stimmt. Wenn wir über die politische Kultur rund um Schwarz-Grün sprechen, geht es mir nicht nur um die überholte Vorstellung von einer fossilen Politik oder der einsamen Spitze, sondern auch um veraltete Strukturen, in denen Politik gedacht wird. Etwa die Aufteilung der Ministerien. Für die nächste Koalition steht die große Frage im Raum, wie die Ministerien aufgeteilt werden. Es gibt eigentlich kein Ministerium, das man den Anti-Ökologen oder den *Inactivists*, wie Michael E. Mann sie nennt, überlassen könnte. Es gibt keinen Teilbereich, in dem man sagen könnte: »Da könnt ihr euch in eurem Industrie- und Emissionskatholizismus austoben oder da ist ein Ressort, das für die Ökologie bedeutungslos ist.«

BERND Das Verteidigungsministerium vielleicht, das Innenministerium. Auch eine ökologische Republik bräuchte eine funktionierende Armee.

LUISA Das ist jetzt dein Take, ich würde das so nicht sagen.

BERND Ein besonderes Koalitionsmodell von Schwarz-Grün können wir ja schon in Österreich beobachten. Dort überlässt man einander die verschiedenen Politikfelder. Das führt dann aber unter Umständen dazu, dass die Grünen in allen anderen Politikfeldern verschwinden außer in der Ökologie. Das funktioniert in Deutschland, glaube ich, auch nicht.

LUISA Nicht zuletzt, weil der Trade-off von sozialen und öko-logischen Rechten charakteristisch für das österreichische Modell ist. Plakativ gesprochen: Bekommen die Grünen dort mehr Klimaschutz, wird die Regierungspolitik im Austausch etwas rassistischer. In Deutschland fordern wir aus gutem Grund Klimagerechtigkeit. Wer meint, der Preis für Emissionsreduktionen ist mehr Ungerechtigkeit, re-produziert im Kern genau die Muster, die die Klimakrise erst ausgelöst haben.

BERND Es gibt jedoch in dieser ganzen schwarz-grünen Ka-lamität auch etwas, das mich optimistisch stimmt: Die Union ist eine Macht- und Regierungsmaschine. Sie hat fast immer regiert, denn sie ist in der Lage, Opportunismus als Kunstform zu leben, sich also anzupassen und es dabei aussehen zu lassen, als hätten sich die anderen an sie ange-passt.

LUISA Zum Beispiel?

BERND Mindestlohn, AKW, Wehrpflicht, CO_2-Preis usw. Die Union ist eben in der Lage, jeden und jede, der oder die Vorschläge für eine Veränderung in der Gesellschaft macht, jahre-, wenn nicht jahrzehntelang dafür zu beschimpfen – bis zu dem Zeitpunkt, an dem sie das Gefühl hat, die Mehr-heit der Bevölkerung könnte die gemachten Vorschläge nun auch gut finden. Dann übernimmt sie die Ansichten derer, die sie gerade noch beschimpft hat, und beschimpft die dann für was anderes, was sie dann wiederum einige Jahre später übernehmen. Ich glaube also nicht, dass sich die Union auf eine Verlierer-Fahrt gegen einen Megatrend begeben wird.

LUISA An der Stelle muss man allerdings noch mal tiefer in die CDU schauen, denn sie hat hier ein gewichtiges Defizit: Es halten sich vielleicht vier oder fünf Menschen im weitesten Dunstkreis der CDU auf, die tatsächlich eine tiefe ökologische Expertise haben. Durch die Klima-Union sind noch ein paar dazugekommen, aber es hält sich wirklich in Grenzen.

BERND Für die Führungsebene ist das sogar eine optimistische Schätzung.

LUISA Genau, keiner dieser Menschen ist bisher im Machtzentrum unterwegs, außer vielleicht Andreas Jung, und es gibt bisher kein Bedürfnis, Ökologie über floskelige Halbsätze hinaus ins Machtzentrum zu delegieren. Vielleicht kann man viel mit Opportunismus überdecken, aber man wird ja auch öffentlich Kompromisse eingehen und den Menschen bestimmte Entscheidungen erklären müssen, man braucht darum auch für Opportunismus mehr Expertise und tiefere Kenntnis der Sache, als es sie bei der Union derzeit gibt. Dazu kommt die strukturelle Herausforderung, dass die CDU – das sagen Berechnungen jetzt – bis zu 270 Direktmandate kriegen könnte. Nachdem Teile der Union als hoch engagierte Korrumpierer geoutet wurden, werden sicherlich einige der Mandate an andere Parteien gehen. Aber wir können annehmen, dass die Union dennoch eine große Mehrheit der Direktmandate erzeugen wird. Diese Direktmandate sind eine sprudelnde Quelle von erfolgreicher und anhaltender Rückwärtsarbeit. Sie gewähren eine große Unabhängigkeit. Die Abgeordneten müssen sich viel weniger an parteiinterne Sachzwänge oder Wahlprogramme halten.

BERND Unabhängig heißt ja nicht zwingend unökologisch, da kann sich doch auch was ändern.

LUISA Theoretisch. Und, wie setzt man das um? Wir reden hier ja nicht von einem Thema, das man einfach annimmt oder nicht, wie etwa das Gendern. Da kann man im Zweifel sagen: »Dann gendern wir halt, weil Leute das von uns hören wollen.« Ich will hier keine Gender-Kämpfe reduzieren, ich hoffe du verstehst den Punkt. Beim Klima müssten ja alle Abgeordneten in die Position kommen, in der sie Ökologie als eine Dimension anerkennen, die eben nicht auf einen Bulletpoint oder einen Nebensatz reduziert werden kann, sondern als ein Thema, das sie in fast allen Entscheidungen routiniert und intuitiv mitdenken müssen, völlig unabhängig davon, ob etwas im Verkehrsministerium oder im Innenministerium stattfindet.

Ein Beispiel: Heute sagt man oft, dass so etwas wie 20 Prozent eines bestimmten Budgets für Klimaschutz ausgegeben werden. Wie merkwürdig! Wir müssen an einen Punkt kommen, an dem solche Angaben irrelevant werden, weil selbstverständlich jeder Euro auch in Richtung Klimaneutralität wirkt. Weil emissionsarme Sektoren gestärkt werden – Sport, Kultur, Familie, Bildung, Gesundheit und so weiter – oder weil die Investitionen energetisch und wirtschaftlich transformativ wirken. Wer die Klimakrise als etwas versteht, was man mit einem Extraposten im Haushalt mal so eben bewältigt bekommt, verkennt die Aufgabe. Und wer meint, es reicht, wenn ein paar Dutzend von vielen hundert Abgeordneten verstehen, was da an Aufgaben vor uns liegt, ebenso.

BERND Aus meiner Sicht spricht dieser wunderbare Chuzpe-Opportunismus, den die CDU hat, trotz aller dagegen stehenden Umstände am ehesten für die CDU als Regierungspartei und für eine schwarz-grüne Möglichkeit. Nur wo sind die kompetenten Menschen?

LUISA Oder auch nur die Wohlwollenden. Es ist in der Union inzwischen zu einer Routine geworden, von Schöpfung zu sprechen, aber eigentlich alles zu machen, was Schöpfung kaputt macht. Das erlebe ich selbst bei JU-lern, die erst 18 Jahre alt sind.

BERND Ich habe bei der Union auch schon verzweifelt nach Expert:innen gesucht, die fachlich versiert sind. Es gibt nicht viele. Ich würde sogar noch weitergehen und sagen, dass es in der Union neben dem opportunistisch-demokratischen auch einen dogmatischen Strang bei allen diesen Themen gibt. Im Milieu der Dogmatiker sind sehr viele dieser stumpfen Argumente gegen die klimapolitischen Anforderungen tief verankert.

LUISA Welche Argumente meinst du?

BERND Die kennst du alle in- und auswendig: Irgendwann wird schon was erfunden; was sollen wir uns abmühen, wenn doch die Chinesen; Klima-Aktivist:innen trinken aus Plastikflaschen. Die glauben wirklich, dass sie, wenn sie den Grünen Heuchelei oder Moralisieren nachgewiesen haben, einen Beitrag für die Lösung der Klimakrise geleistet hätten. Oder sie versuchen, alles in Ideologie zu verwandeln, indem sie zum Beispiel materielle Prozesse, die draußen in der Wirklichkeit stattfinden, als ideologische Prozesse darstellen, also wenn Tempolimit gefordert wird, um CO_2 zu reduzieren, reden sie von Freiheit; wenn weniger Fleisch gefordert wird, um den CO_2-Abdruck unserer Ernährung zu verringern, reden sie von Missionieren und weisen es zurück, ohne Gegenvorschläge zu machen. Sie freuen sich auch, wenn festgestellt wird, dass ein Elektroauto ökologische Nachteile hat, weil sie denken, das sei ein Argument für den Verbrennungsmotor und keines gegen Autos generell. Doch in der Welt, in der wir heute leben, kann das natürlich nur ein Argument gegen das Autofahren sein, aber da sind sie noch längst nicht. Andererseits gibt es tatsächlich einen tief konservativen, katholischen, ökologischen Ansatz, der ganz CSU-nah ist und den zum Beispiel Ottmar Edenhofer vertritt. Er wäre ein möglicher Vordenker. Es ist also nicht so, dass es überhaupt keine Kompetenz um die Union herum gäbe und keine Wege zu einer schwarzen Ökologie. Der Schöpfungsgedanke, also dass uns die Erde nicht gehört, wenn man ihn denn ernst nimmt, bietet dafür eigentlich alles, was man braucht, sogar für einen veganen Flügel der CSU.

LUISA Interessant für diese Überlegung ist tatsächlich die CSU. Bei der Bayern- und der Europawahl hat man gesehen, wie ökologisch nah sich auf einmal CSU-Bürgermeister:innen und Grünen-Bürgermeister:innen waren, Minimalkonsens Biene sozusagen. Operativ jedoch ist die CSU die dreckigste Partei, die es in Deutschland gibt. Das zeigt sich unter anderem in Form ihres Verkehrsministers, aber auch durch andere Kandidat:innen, die ihre Wahlkreise mit Straßen zupflastern, alles dafür geben, dass jeder Kohlebagger näher an einem Haus stehen darf als ein Windrad, und bei denen es übrigens auch einen ausgeprägten Hass auf Fridays for Future gibt. Was dort auf Social-Media-Kanälen über mich und uns verbreitet wird, wäre mir an deren Stelle ehrlich gesagt peinlich.

Man müsste für die Union eine andere, eigene Antriebskraft finden, die sich nicht aus Zu- oder Abneigung gegenüber Fridays for Future oder den Grünen speist, sondern auf eigenen Beinen steht. Ich weiß nicht, ob dafür das theologische »die Schöpfung bewahren« reicht. Vielleicht bräuchte man eine neue Übersetzung, die der eigenen Motivation, das Klima zu schützen, Halt geben kann, ohne wahlweise sich selbst oder die ökologische Realität zu verraten.

BERND In der Union werden inzwischen zwei Strategien

gleichzeitig verfolgt: das Fossil-Reaktionäre und das tastend Rhetorisch-Ökologische. Doch bei aller Kritik an der Union: Wir werden in diesem Land keine ökologische Wende ohne sie hinkriegen, nicht mal wenn sie im Bund in der Opposition sind. Die Vorstellung, dass Grün-Rot-Rot die Wende schaffen kann, halte ich in dem Zusammenhang für abwegig, schon allein wegen der Russland-Fixierung der Linken. Ich glaube ohnehin nicht an diese Koalitions-Konstellation, und sollte sie sich offen zur Wahl stellen, werden die Leute sie nicht wählen.

LUISA Letzteres sei jetzt mal dahingestellt. Ich bin aber in der Einschätzung zum ökologischen Potenzial von GR2 bei dir. Die SPD kommt natürlich oberflächlich im Kontrast zur CDU gut weg, wie auch Armin Laschet bei der Wahl zum CDU-Vorsitz im Vergleich zu Friedrich Merz richtig liebenswürdig wirkte. De facto aber schneidet der Regierungspartner SPD im Vergleich zur CDU auch nicht gut ab, denn sie agiert – jedenfalls bisher – bei den zentralen Fragen ebenfalls großflächig anti-ökologisch. In der SPD tut es noch mehr weh, denn sie hätte mit Nina Scheer, Karl Lauterbach, Matthias Miersch und einigen anderen wirklich engagierte und informierte Leute zur Hand. Dennoch entscheidet sich die SPD im Zweifelsfall dann doch für einen Kohleausstieg, der eigentliche eine Kohle-Verlängerung ist, beschließt einen CO_2-Preis von lächerlichen zehn Euro (der später von den Grünen im Bundesrat auf 25 Euro hochgetrieben wurde) und stellt sich hinter das 100-Millionen-Tonnen-CO_2-Projekt Nord Stream 2. Eine ökologische Bewegung ist innerhalb der SPD noch nicht wirklich auszumachen.

BERND Da bist du zu streng, finde ich. Die SPD ist zumindest in einer Veränderungsbewegung, aber ich glaube trotzdem, dass es bis auf Weiteres keine Klimawende ohne die Union geben wird. Deswegen ist es nicht nur deren Aufgabe, sondern auch die Aufgabe der Öffentlichkeit und der Intellektuellen, herauszufinden, wie ein authentischer Weg der Union zur Ökologie aussehen könnte.

LUISA In der Forschung zu sozialen Bewegungen gibt es unter anderem zwei große Theorien dazu, wie man unwahrscheinlichen Wandel erwirken kann. Die eine kennen mittlerweile viele. Man muss etwa 3,5 Prozent der Bevölkerung für eine Kampagne aktivieren, muss also etwa zur Teilnahme an Demonstrationen motivieren, so die Forschungen der Politikwissenschaftlerin Erica Chenoweth. Man geht davon aus, dass so im Idealfall Mehrheiten in der Gesellschaft angesprochen werden, die sich für die Herausforderung begeistern oder inspirieren lassen. Eine zweite Strömung argumentiert für die zentrale Rolle traditionell marginalisierter Gruppen: der sehr Alten, der Jungen und auch der sozial Benachteiligten, und anderweitig Betroffenen. Sozialer Wandel wurde historisch immer wieder von den sogenannten sozialen Rändern erstritten, selten aus der gesellschaftlichen und generationalen Mitte heraus. Das ist insofern interessant, weil in Deutschland zu den direkt Betroffenen unter anderem die Landwirtschaft zu zählen ist. Paradoxerweise ist gerade die Bauernlobby so sehr daran beteiligt, die wirtschaftliche Grundlage derjenigen, die sie vertreten, zu zerstören. Das ist eigentlich kontraintuitiv. Ein Grund dafür könnte sein, dass mittlerweile eine so große Energie aufgebracht werden muss, Gewohnheitspolitik zu rechtfertigen, dass kein Raum bleibt für die Reflektion der eigenen Rollen. Dafür müsste man einen Moment innehalten, das geht unter ewigem Hochdruck natürlich nicht. Aber auch hier tut sich eine Menge: Es gibt zum Beispiel junge landwirtschaftliche Verbände, Farmers for Future – immerhin.

Stell dir vor, man würde Geschichten einer ökologischen Politik entwickeln, die einen Identifikationsspielraum für diejenigen böten, die traditionell konservativ sind. Menschen, die vielleicht erst in diesem Augenblick begreifen, warum Klimapolitik bereichernd und befreiend für sie sein könnte und warum es ihnen zugutekommt, wenn man eine christliche Politik ökologisch denkt. Das Potenzial scheint riesig, weit über das Spektrum von Förster:innen oder Landwirt:innen hinaus.

8. LIEBER HEUCHELN ALS LEUGNEN? – DIE PARTEIEN UND DIE 1,5 GRAD

Auf einmal sind alle für das Klima – Wie kommt das und was bringt es? – Die soziale Frage in der Klimakrise – Und was soll man nun wählen?

BERND Lass uns im Kontext der Bundestagswahl noch mal genauer über die einzelnen Parteien sprechen. Vielleicht beginnen wir mit den Sozialdemokraten, weil sich da nach meinem Eindruck etwas tut. Die SPD hatte sich ja ökologisch und sozial in eine strategische Falle manövriert. In ihrer praktischen Regierungspolitik konnte sie nicht verhindern, dass sich die soziale Lage für viele Menschen kaum verbessert, wenn nicht gar verschlechtert hat. Das gilt natürlich für die prekären Berufe, aber auch für den völlig überstressten Pflegebereich. Viele waren also von der SPD enttäuscht und haben sich ins Nichtwählertum verabschiedet oder gar die AfD gewählt. Als Regierungspartei hat die SPD, man muss es leider sagen, auch nicht mehr zustande gebracht als die Union.

LUISA Und was war nun die Falle?

BERND Die Falle war, denen, die sich aus Enttäuschung in Ressentiments flüchteten, Ressentiment-Rabatt zu gewähren, anstatt ihre soziale Lage zu verbessern. Insbesondere Sigmar Gabriel und seine Nachfolgerin, Andrea Nahles, haben die Migration, aber eben auch die Ökologie zu einer ideologischen Frage gemacht und so getan, als sei Klima ein akademisch-urbaner Luxus, etwas für Hipster und nichts für Arbeiter. Damit haben sie aber von der AfD nichts gewonnen und an die Grünen verloren, vor allem aber haben sie sich damit ein tieferes Verständnis der Ökologie lange verbaut. Die ist ja keine postmaterielle Schrulle, sondern das Materiellste überhaupt, und deswegen wirkt sich die ökologische Krise auch für die sozial Schwachen am härtesten aus. Mittlerweile hat sich da aber was getan. Die SPD hat Abschied genommen von der schwarzen Null, sie ist also eher bereit, staatliches Geld in die Hand zu nehmen, um sozial und infrastrukturell zu investieren. Das ist im Kleinen ein ähnlicher Ansatz, wie ihn auch Joe Biden verfolgt. Klimapolitik ist für ihn zuerst mal Investition und Infrastruktur, es ist so eine Bagger- und Bulldozer-Ökologie. Vielleicht geht so eine Proletarisierung der Klimapolitik.

LUISA Da du es ansprichst, lass mich vor der SPD noch einen etwas ausführlicheren Schlenker zu Joe Biden machen. Er hat in der Tat etwas sehr Kluges gemacht: Er hat die Klimafrage aus der Kirche zur Baustelle getragen und so aus einer Glaubensfrage ein Investitionsprojekt gemacht. Das war wichtig, um die hyperideologisierte Debatte zu neutralisieren und an einen Punkt zu bringen, an dem Sachdebatten über Parteigrenzen hinweg geführt werden konnten. Was man von ihm lernen kann: Er hat einen kleinsten gemeinsamen Nenner identifiziert, an dessen Wohlergehen die Mehrheit der Beteiligten interessiert waren: Jobs, Straßen, Brücken, Flugplätze. Später kamen noch Familienförderung und Bildung dazu. Das alles wurde in einem pendelnden und sozial ausgelaugten Land des infrastrukturellen Verfalls ins Zentrum seiner sogenannten Modernisierungspolitik gerückt. Begleitet hat er das mit einem satten außenpolitischen Flex, sein Climate Summit im April wird als einer der erfolgreichsten Coups in der Klimadiplomatie seit langem verbucht. Er schaffte es so, seine Ambitionen im selben Atemzug zu standardisieren und herausragen zu lassen. Ob das Ganze künftig emissiv aufgeht, steht allerdings in den Sternen, mit Flughafenrenovierungen wurden selten Klimakatastrophen abgewendet. Und man darf natürlich nicht vergessen: Wie John Kerry, der Klimabotschafter der USA, kürzlich unmissverständlich zum Ausdruck brachte, soll die Hälfte der geplanten CO_2-Einsparungen der USA durch Technologien bewerkstelligt werden, die noch nicht einmal erfunden wurden. Klimapolitik, die nur aus Illusion und Infrastruktur besteht, kann jedoch nicht gelingen.

BERND   Aber was heißt das jetzt für die SPD?

LUISA   Sie hat, als Fridays for Future groß wurde, in gewisser Weise auch einen gemeinsamen Nenner unter den ökologisch unenthusiastischen Menschen identifiziert, und das war, Klimaschutz oberflächlich zu begrüßen und unterschwellig als Eliten- und Arbeitsplatzgefährdungsthema abzustempeln, wie du schon skizziert hast. Das fußt auf der heimlichen Annahme, dass es die Klimakrise eigentlich nicht gibt. Das klingt jetzt drastisch. Aber nur dann kann man so handeln, als sei jede Reaktion auf die Krise freiwillig und im Wettbewerb mit dem Status Quo zu bewerten.

BERND   Irgendwann aber hat die SPD angefangen, sich die soziale Ökologie als ein eigenes Thema zu erschließen. Ob das rasch zu Erfolgen bei Wahlen führt, darf man bezweifeln, weil die SPD so ein bisschen in Generalverschiss ist und alles, was sie sagt, nur noch als Gemurmel bei den Leuten ankommt. Aber mittelfristig hat sich die Sozialdemokratie den Weg zu den sozial Schwachen und zu den ökologischen Realitäten neu eröffnet.

LUISA Gut so. In meinen Augen wären die Sozialdemokraten prädestiniert für ökologische Antworten, weil sie sich nah an denen wähnen, die am meisten von tatsächlich guter, gerechter ökologischer Politik profitieren würden. Gleichzeitig sind die Sozialdemokraten weit genug im Mainstream, um ökologische Fragen nicht zu Identitätsfragen werden zu lassen, sondern zu Gerechtigkeitsfragen – was sie im Kern auch sind.

Für mich ist eine der größten Irritationen aus den letzten zweieinhalb Jahren Fridays for Future, wie resistent der sozialdemokratische Mainstream gegenüber ökologischer Politik, ökologischen Narrativen und der ökologischen Frage als Gerechtigkeitsfrage ist. In einigen Landesverbänden, etwa in Baden-Württemberg ändert sich da was, aber in der Breite bewegt sich die angewandte Sozialdemokratie – bisher – auf ökologischen Abwegen. Dabei ist es doch alles andere als ein innovativer Gedanke: Im Zweifel geht es nicht darum, dem Klima einen Gefallen zu tun. Es geht darum, dafür zu sorgen, dass die Menschen in einer Welt des klimatischen Wandels sicher und gut leben können. Eigentlich ein verlockendes SPD-Narrativ. Würde man meinen.

BERND Du sagst eigentlich.

LUISA Ein Beispiel. Im Oktober 2020 haben einige Aktivist:innen von Fridays for Future und ich – eine Woche nachdem er seine Kanzlerkandidatur verkündet hatte – Olaf Scholz getroffen. Das war ein so katastrophales Gespräch. Wir hatten den Klimaforscher Hans Joachim Schellnhuber mitgebracht, um im Gespräch naturwissenschaftliche Grundfragen direkt klären zu können. Es war atemberaubend, wie überzeugt Scholz uns erklärt hat, dass die Gerechtigkeitskrise, die Klimakrise, die ökologische Krise, die unglaublichen Transformationen, die in Industriesektoren anstehen, das große Armutspotenzial und die gesundheitlichen Gefahren, die damit einhergehen, nicht mit einem früheren Kohleausstieg, höheren Klimazielen oder einem angemessenen CO_2-Preis beantwortet werden sollen – sondern einfach nur mit *Respekt*. Verrückt.

BERND Hat sich dein Verhältnis zu der SPD seit diesem Treffen verändert?

LUISA Ja. Es ist etwas Bemerkenswertes passiert: Kurze Zeit, nachdem wir Olaf Scholz getroffen hatten, hat die SPD ein Wahlprogramm vorgestellt, das zumindest auf dem Papier ausgesprochen klimaorientiert ist. Ja, das ist Bullet-Point-Politik, wer weiß, was dahinter steht. Aber das Hinwenden zu »sozial, digital und klimaneutral« ist innerhalb von Wochen geschehen.

BERND Vielleicht ist dieser Wandel eingetreten, weil auch Boomer noch dazulernen können, einschließlich Olaf Scholz. Also, nur mal als These.

LUISA Vielleicht. Im Zweifel öffnet das der Sozialdemokratie die Tür zur Ökologie wieder. Die Grundfrage, die der Soziologe Andreas Reckwitz, du und viele andere aufwerfen, bleibt aber. Das ist die große Frage nach der Notwendigkeit: Brauchen wir eine Sozialdemokratie im 21. Jahrhundert, also in einer singularisierten Zeit? Das ist nach wie vor offen.

BERND Ich glaube, dass Olaf Scholz in einem Grundwiderspruch lebt zwischen einer gradualistischen, einer Schrittchen-für-Schrittchen-Politik, die er verinnerlicht hat, und den nicht-graduellen, qualitativen, kumulativen und expo-nentiellen Problemen dieser Gesellschaft, wozu nicht nur die Ökologie gehört. Jahrelang hat er diesen Widerspruch dadurch gelöst, dass er in seinem praktischen Regierungs-handeln und in seinem ganzen Gestus nur die gradualisti-sche, vernünftelnde Politik gemacht hat. Auf der anderen Seite hat er sich mit wirklichen Vordenkern einer anderen Welt getroffen und mit ihnen geredet, wie Adam Tooze oder Branko Milanović oder auch dir. Dann hat Corona den finanzpolitischen Bremsklotz, die Schuldenbremse, besei-tigt und ihm den Weg zum Neo-Keynesianismus eröffnet, schlicht gesagt: Geld spielt keine Rolle oder zumindest eine kleinere.

LUISA An der Stelle noch einmal zurück zu Joe Biden, der programmatisch hier durchaus inspirierend sein könnte: Ich habe ja erwähnt, dass Biden in einem von ideologi-schen Gräben geprägten politischen Feld gemeinsame Nenner identifiziert und zu klimapolitischen Tragsäulen gemacht hat. Was wäre, wenn die SPD für sich und eine künftige Koalition mit eventueller SPD-Beteiligung es ähn-lich angehen würde? Man könnte sich vermutlich nicht im Biden-Stil auf Autobahn- und Flughafenausbau als Säule einer gemeinsamen Klimastrategie einigen. Was nebenbei ein witziger Gedanke ist und herrlich klar verdeutlicht, wie weit hinten die USA im Klimaschutz trotz großer Schlag-zeilen stehen. Viel eher aber könnte man sich wohl auf den massiven Ausbau erneuerbarer Energien und landeswei-ter Schienennetze, die Grundsanierung des Gesundheits-systems und ein landwirtschaftliches Förderprogramm hin zu einer echten Agrarwende einigen. Würde man das zu-sammen mit einer Allianz für saubere und leise Städte, mit einer gewissen Rigorosität, Geschwindigkeit und dem

Fokus auf die Schaffung neuer, nachhaltiger Arbeitsplätze umsetzen, hätte das womöglich richtig Drive. Und alles, im Kern, durch Bedienung sozialdemokratischer Anliegen. Ach, falls jetzt jemand denkt, das würde doch schon alles passieren: in 2020 wurden 0 Kilometer neue Schienen gebaut, die agrarpolitischen Pläne der EU wurde im März 2021 von 3600 Wissenschaftler:innen als ökologisch hochproblematisch eingeordnet, der Ausbau der Erneuerbaren bricht immer weiter ein – 2020 wurden in Bayern ganze drei Windkrafträder gebaut – und über den Zustand des Gesundheitssystems muss man wohl nicht lange streiten.

BERND Das ist sehr interessant. Man könnte sagen: Für die Versiegelung von Flächen werden Bagger und Bulldozer gebraucht – für die Entsiegelung aber auch. Etwas abseits von der großen Öffentlichkeit bewegt sich zudem nämlich noch etwas anderes, sehr Spannendes bei der SPD. Früher galt auch bei der Sozialdemokratie das meritokratische Prinzip, dass jeder seines eigenen Glückes Schmied ist und dass jeder dazu bestenfalls durch Chancengleichheit instand gesetzt werden müsste. Mysteriöserweise tritt die Phase der Chancengleichheit aber nie ein. Diesem Prinzip ist die gesamte sozialdemokratische, neoliberale Ära gefolgt – also Clinton, Blair, Schröder. Olaf Scholz ist irgendwann klar geworden, welche dramatische Kehrseite diese Auffassung hat: Nämlich dass diejenigen, die es aus welchen Gründen auch immer nicht geschafft haben, selbst schuld daran sein müssen, was für die Betroffenen doppelt schlimm ist: Materiell sind sie arm dran und moralisch sind sie auch noch selbst schuld. Neuerdings jedoch sagt Olaf Scholz, dass es ungerecht ist, wenn diejenigen, die keinen guten Abschluss haben, so wenig verdienen. Damit ist die Sozialdemokratie nur noch einen Millimeter von einer

Auffassung entfernt, die ihnen in 170 Jahren fremd geblieben ist: Für manche Menschen existieren so harte Umstände, dass sie gar nicht mehr richtig arbeiten können, selbst wenn sie wollten. Diese Menschen wurden früher Lumpenproletarier genannt, sie wurden als faul stigmatisiert, die schlechte Behandlung der sogenannten Schulversager:innen und Minderleister:innen diente allen anderen als Warnung. Gerhard Schröder hat als Kanzler mal rausposaunt, es gebe kein »Recht auf Faulheit«. Diese ganze Neurose der SPD, dieses Leistungsgesellschaftsdenken und dieses Aggressionableiten auf die ganz unten, das alles ist kurz vor dem Kippen. Das finde ich schon mal sehr stark. So weit war die SPD in meiner Erinnerung noch nie.

LUISA   Und wenn man jetzt noch zwei Schritte weitergeht, stellt womöglich noch einer infrage, ob man trotz andauernder Produktivitätssteigerung immer mehr arbeiten muss. Und ob eine klimagerechte Welt auch eine Welt sein könnte, in der Arbeit für Familie, Freund:innen, Gesundheit- und Gemeinschaftsstärkung genauso viel wert sind wie Lohnarbeit. Nur ist die Klimakrisenproduktion auch eine SPD-Co-Produktion. Und neben dem Versuch, die von dir erwähnten klassistischen Diskriminierungen zu überwinden, kann man auch gravierende Klimaungerechtigkeiten festhalten, die die SPD vorangetrieben hat: Zum Beispiel die 4,3 Milliarden Euro Entschädigungen an Kohlekraftwerksbetreiber im Jahr 2020, während man sich im gleichen Atemzug darüber streitet, ob eine minimale Tariferhöhung im Gesundheitssektor bezahlbar ist. Nach wie vor wird für Industrien Politik gemacht, zulasten derjenigen, die Steuern zahlen und darauf setzen, dass deren Verwendung dem Allgemeinwohl zugutekommt. Jedes Jahr entstehen ca. 15 Milliarden Euro Umweltkosten durch

RWE-Kraftwerke in Deutschland. Wer bezahlt das? Ah, ja: alle Steuerzahlerinnen und Steuerzahler. Wer trägt proportional die größere Steuerlast? Ah, ja: die Menschen, die die SPD meint zu verteidigen.

BERND Die Vernachlässigung derer, die so empörend wenig verdienen, hat aber auch mit dem meritokratischen Denken der SPD zu tun, also mit der Vorstellung, dass in einer leidlich chancengleichen Gesellschaft, die es nicht gibt, die Unterschiede im Verdienst trotzdem verdient sind. Die SPD ist ja eine Partei der Akademiker für die Arbeiter, verteidigt aber bisher die Privilegien der Akademiker gegenüber den Arbeitern – mit dem meritokratischen Konstrukt. Davon nimmt die SPD nun nach meinem Eindruck langsam Abschied. Das wiederum scheint mir in seinen ökologischen Konsequenzen schon sehr bedeutend: Es löst den Konnex zwischen Das-habe-ich-mir-verdient und Das-muss-ich-verkonsumieren und Ich-will-den-sozialen-Unterschied-anfassen-können.

LUISA Inwiefern?

BERND Wenn wir uns die Frage stellen, warum die einen so viel mehr verdienen als die anderen – Akademiker:innen im Durchschnitt drei, vier Mal so viel wie jemand, der nur einen Hauptschulabschluss hat und zur Strafe dafür sein Leben lang richtig schuften muss –, dann hören wir Begründungen, die einer näheren Betrachtung nicht standhalten. Wenn man sagt: »Ich bin eben begabter, deshalb verdiene ich mehr Geld«, muss man eigentlich antworten: »Die Begabung ist ja schon die Belohnung. Warum musst du dafür noch mal durch Geld belohnt werden?« Oder wenn man sagt: »Ich war eben fleißiger in der Schule«, dann frage ich mich, was fleißiger denn heißt. Wahrscheinlich war derjenige, der aus einem Arbeiterhaushalt kommt und zu Hause weniger Support hatte, viel fleißiger als andere und hat trotzdem am Ende schlechtere Noten. Diese ganzen Begründungen sind total fadenscheinig. Wer ratifiziert und legitimiert aber die Privilegien der Privilegierten? Wer sagt: »Es ist trotzdem in Ordnung, dass du das alles hast.« Wer tut das? Das tut niemand wirklich überzeugend, das geschieht im Konsum. Es ist das Paradoxe in unserer Gesellschaft, dass der Konsum die Ungleichheit legitimiert. Das ist zwar nicht logisch, aber es ist psychologisch, denn der Konsum-Akt ist für die Mittelschicht so allgegenwärtig, so widerstandslos, so kreditkartengewedelt leicht: Du gehst in ein Geschäft, du wirst freundlich behandelt, es ist eine schöne Sache, die sich vollzieht, eine Bejahung, nichts daran kann falsch sein. In jedem positiven Konsum-Akt wird mir gesagt, dass es voll okay ist, dass ich so wahnsinnig viel Geld verdiene und meine Haushaltshilfe so wahnsinnig wenig. Auf gewisse Weise zwinkert der Verkäufer beim Herrenausstatter einem unentwegt zu: Das sollten Sie sich wert sein, das sind Sie sich schuldig, das haben Sie verdient, ein Mann von Ihrem Format – und wie all die versteckten und offenen Botschaften des Kauf-Aktes eben so lauten. Deshalb ist die Frage der Meritokratie für die Ökologie sehr wichtig. Wir müssen ja davon runter, dass alle fast ihr ganzes Geld dafür ausgeben, Materie zu verbrauchen und Stoffdurchsatz zu betreiben. Und wenn die SPD, die am fanatischsten daran festgehalten hat, weil sie immer auf die Faulen geschimpft hat, sich da bewegt, dann bewegt sich wirklich was.

LUISA Vielleicht könnte man den Gedanken sogar noch um eine ökologische Dimension erweitern: Was für einen Wert hat zum Beispiel ein intaktes Ökosystem? Oder ein Baum, der in einem kapitalistischen System gedacht wertvoller ist, wenn er gefällt ist, als wenn er steht. Genau dieses verschobene Werteverständnis ist ein Treiber der ökologischen Zerstörung. Würden wir anfangen, Wert und Reichtum zu hinterfragen, würden sich ganz neue Möglichkeiten öffnen, komplexe ökologische Herausforderungen zu verstehen und anders zu lösen.

BERND Ich fürchte nur, dass sich diese grundlegenden Verschiebungen im Denken der Parteien bei dieser Bundestagswahl noch nicht auswirken wird, dass der ganze Wahlkampf zu diesen Tiefenströmungen – vielleicht mit Ausnahme der Klimapolitik – nicht vordringt.

LUISA Worum wird es dann gehen?

BERND Es fällt mir nicht leicht zu sagen, was das für eine Bundestagswahl sein wird. Ich glaube, dass die Politik in ihrem momentanen Chaos und in ihrer Verunsicherung kaum prognostiziert werden kann. Wenn wir am Ende noch mal die schwarz-rote Regierung bekämen, die wir jetzt haben, wüsste ich auch keinen Ausweg mehr. Das wäre die Fortsetzung von Stagnation, Hysterie und Mürbigkeit, also ziemlich schlimm. Es muss also eine neue Regierung geben. Möglicherweise mit etwas Grün drin. Würdest du eine Wahlempfehlung aussprechen?

LUISA Nein. Aber was entscheidend ist: Es braucht viele, viele Menschen, Millionen Menschen, die für Klima, Gerechtigkeit und für unsere Zukunft wählen gehen. Diejenigen, die die klimapolitische Verweigerung der Regierung einmal mit voller Wucht abbekommen werden, können heute in großen Teilen noch nicht einmal wählen. Deshalb liegt es an uns allen, Wandel zu organisieren und einzufordern, zu wählen und umzusetzen.

Klar ist: Eine einzige Wahl kann nicht all unsere Probleme aus der Welt schaffen. Im besten Falle aber kann sie in einer

Regierung resultieren, die eine Arbeitsgrundlage bereitstellt. Eine Regierung, in der es ausreichend Kräfte gibt, die sich bereit erklären, die Krisen möglichst wirkungsvoll und idealerweise auch gerecht anzugehen. Dafür werden wir auch weiterhin kämpfen müssen, aber dann vielleicht nicht mehr in Gegenwehr zur Regierung, sondern in einer mobilisierenden, treibenden und beschleunigenden Art.

9. FRIDAYS FOR FUTURE: FREITAGS STREIKEN, SONNTAGS WÄHLEN?

Ist Wählen schon genug kämpfen? – Die Bewegung im Lockdown und nach der Coronakrise – Radikalisierung oder Verbreiterung? – Kann man das Klima retten, ohne gleich die Welt zu retten?

BERND Was wird die Rolle von Fridays for Future vor der Wahl sein?

LUISA Wir werden dafür sorgen, dass dies die erste Bundestagswahl in der Geschichte der Bundesrepublik wird, in der keine demokratische Partei an der Klimakrise vorbeikommt. Das kann ich so selbstbewusst sagen, weil jeden Tag deutlicher zu spüren ist, wie sehr sich die Klimafrage verselbstständigt hat. Die Klimakrise wird nicht mehr nur von Aktivist:innen und Ökos auf Tagesordnungen gesetzt, sondern von Menschen aus jeder Lebenswelt und Generation, von Sozialarbeiter:innen, über Lehrer:innen, Privatwaldbesitzer:innen, Eltern und Digitalunternehmer:innen, Kirchen, Gewerkschaften und und und ... Wie deutlich sich das allgegenwärtige Klimabewusstsein schlussendlich in Wahlergebnisse und Koalitionsverträge übersetzen wird, wird unter anderem davon abhängen, ob sich diese Klimabewegten bei der Wahl selbst wichtig genug nehmen. Werden sie sich trauen, auch am Wahltag ihre politischen Gewohnheiten zu überwinden? Werden sie sich als Game-changer begreifen, als Stimme, die es im Wahlkampf unbedingt braucht, um Parteien unter Druck zu setzen und Wähler:innen zu mobilisieren? Werden sie sich als Multiplikator:innen verstehen?

BERND Ich wollte eigentlich genauer wissen, was die größte Jugendbewegung in der Geschichte der Bundesrepublik Deutschland im Wahlkampf vorhat.

LUISA Unsere Pläne sind nur ein Teil des Mosaiks. Besagte Jugendbewegung hat es in der Vergangenheit geschafft, einen beispiellosen diskursiven Wandel zu erwirken. Jetzt sind wir in einer neuen Phase: Es geht darum, den gesellschaftlichen Wandel in gewisser Weise zu zementieren, in Wahlergebnissen und institutionellen Mehrheiten zum Beispiel. Und damit zur Wahl aus dem Diskurswandel ein politischer Wandel wird, braucht es eine beispiellose Anzahl von Menschen, die sich von Fridays for Future inspirieren lassen. Diejenigen, die vielleicht eingangs eingeschüchtert waren, oder sich nicht angesprochen gefühlt haben, und jetzt denken: »Moment, das ist vielleicht auch mein Thema.« Darauf wird es ankommen, aber das ist etwas Unvorhersehbares. Diese unerwarteten Allianzen können potenziell mächtiger werden als wir, weil sie möglicherweise die Union dazu bringen, aus Opportunismus oder aus Eingebung heraus zu etwas Ja zu sagen, das ihre fossile Identität normalerweise nicht zulassen würde. Denn man darf ja eines nicht vergessen: SUV fahren ist so wenig eine reine Frage der Mobilität wie Fleischessen eine der Ernährung ist. Beides sind Identitätsthemen, und da sind Unionisten oft die reinsten Snowflakes, wenn es Kritik gibt.

BERND Ich habe den Eindruck, du willst nicht damit rausrücken, was ihr als Bewegung konkret vorhabt.

LUISA Logischerweise nicht vollständig. Zunächst kann ich hier natürlich nicht für »die« Bewegung sprechen, abgesehen davon wird viel von dem, was wir machen, zu einem gesunden Anteil aus dem Moment geboren. Was feststeht: Aus der Bewegung heraus wird natürlich Remmidemmi gemacht. Das ist die erste Klimagerechtigkeits-Wahl in der deutschen Geschichte, und uns ist sehr wohl klar, dass das ohne uns höchstwahrscheinlich nicht der Fall gewesen wäre. Wir haben schon einmal gesellschaftliche Kräfte mobilisiert, die schließlich die Europawahl gedreht haben. *It's our time to shine.* Wir werden die Zeit bis zur Wahl nutzen, um die Klimakrise in die Breite zu tragen, in jede Ecke der Republik, in jede Generation und so viele Debatten wie möglich anzustoßen. Ein großer Teil dieser Arbeit ist das unnachgiebige Auseinandernehmen von manipulativen ... ach, sagen wir Bullshit-Frames, die klassischerweise rechts der Mitte geboren werden. Dass Klimaschutz zwangsläufig eine soziale Belastung sei, ist so ein Bullshit-Frame. Wir tun uns also mit Gewerkschaften und Sozialverbänden zusammen und zeigen Klimaschutz als das, was er sein kann: ein Riesengewinn für soziale Gerechtigkeit.

Wir erleben, dass Menschen, die sich viele Jahrzehnte mit Umwelt- und Klimapolitik beschäftigen, dazu tendieren, eine Art Normabsenkung zu praktizieren, also ihre Erwartungen dem politischen Status Quo anpassen. Wir gehen es genau anders herum an, wir schrauben die Erwartungen an die Parteien so hoch wie physikalisch notwendig, fordern Klimagerechtigkeitszusagen ein, wir werden genau hingucken, was Machen und was Marketing ist, wir werden Massen an Erstwähler:innen mobilisieren, unsere Eltern und Großeltern gleich mit, und dann über die Wahl hinaus die Koalitionsverhandlungen bespielen. Wir haben keine Zeit für eine weitere Legislaturperiode herunterge-waschener 2,4-Grad-Politik. Das erkennen immer größere Teile der Bevölkerung an. Normalerweise würden wir lange im Vorfeld Aktionen planen und hätten für dieses Jahr fünf feste Aktionstage festgelegt. Das wird durch die Pandemie nun alles komplexer, wir alle werden uns auf viele Überraschungen einlassen müssen. Diese Bundes-tagswahl wird eine ganz andere als jede Bundestagswahl davor.

BERND Inwiefern?

LUISA Zum einen: Die Wahl wird sich in die Länge ziehen. Durch Briefwahlen nach vorne, und höchstwahrscheinlich auch durch lange Koalitionsverhandlungen nach hinten. Außerdem wird dieser Wahlkampf in großen Teilen digital stattfinden, und immer im Schatten einer Pandemie. Lass mich noch einmal auf die USA zurückkommen: Bei all dem ist die amerikanische Präsidentschaftswahl nämlich trotz stark kontrastierender Umstände recht inspirierend. Sie hat inmitten der Pandemie stattgefunden, in einem Land, das mehr Treibhausgase ausgestoßen hat als jedes andere auf der Welt, und maßgeblich sein wird im Kampf gegen die Klimakrise. Heute ist die Biden-Administration, zu-mindest on paper, die wohl klima-wohlwollendste Regie-rung der G20. Und sie ist die erste Regierung, die sich durch eine einzige Wahl aus der Klima-Fundamentalopposition in eine rhetorische Klima-Spitzenreiter-Position katapul-tiert hat. Die gute Nachricht: Wahlen können die Welt verändern. Dass das eintritt, wird mit jeder Partei, die tat-sächlich das Pariser Abkommen einhalten will, wahrschein-licher. Deutschland ist einer der sieben größten Emittenten weltweit, im Klimaschutz aber alles andere als Vorreiter. Laut Klima-Performance-Index ist Deutschland gerade mal auf Platz 19, hinter diversen EU-Ländern, Marokko, Chile und der UK. Etwas mehr Klimaschutz und etwas weniger Emissionen reichen da nicht. Es braucht einen gewaltigen Sprung. Die Wahl von Biden war geprägt vom Druck ökologischer Bewegungen, die die Biden-Administration massiv herausgefordert hatten. Dieser Druckaufbau fing schon 2017 kurz nach der Wahl von Trump an, als sich unter anderem das Sunrise Movement gründete und den von der jungen US-Amerikanerin Rhiana Gunn-Wright co-verfassten Green New Deal populär machte. 2018 besetze das Sunrise Movement das Büro der Demokratin und Vorsitzenden des Repräsentantenhauses Nancy Pelosi, um sie dazu zu bringen, den Green New Deal zu unterschreiben. Sunrise hatte festgestellt, dass der Druck auf der Straße alleine nicht reicht; man braucht Parteipolitiker:innen, die aus ihren Büros heraus die ökologische Entwicklung für alle umsetzen. Und sie haben nicht bei den Republikaner:innen angefangen, was für viele wohl intuitiver wäre. Nein, sie haben zunächst die politisch nähere Partei herausgefordert. Sie musste die Standards setzen.

Im Herbst 2020 hat die Klimabewegung in Deutschland einen ganz ähnlichen Schritt gemacht. Sie hat ein Äquivalent zum »Office« der Grünen besetzt, nämlich den Dannenröder Wald. Durch den Wald im schwarz-grün regierten Hessen sollte eine Autobahnschneise gezogen werden. Dort wurden dann Baumhäuser und Camps aufgebaut und die Grünen aufgefordert, sich zu einer 1,5-Grad-Politik zu bekennen. Du hast das vorhin einen merkelhaften Move genannt. Menschen aus dem ganzen Land kamen zur Besetzung in den Wald, einige, vor allem jüngere Grüne solidarisierten sich. Für lange Zeit wurde eine 1,5-Grad-Politik als viel zu radikal und wahlstrategischer Irrsinn betrachtet. Letztendlich, weil das eben bedeuten würde, dass man tatsächlichen, materiellen Wandel vor den Wähler:innen rechtfertigen müsste. Als die Waldbesetzung im Dannenröder Wald bundesweite Aufmerksamkeit erregte, wurde der Protest von vielen belächelt, auch Robert Habeck bezeichnete das Vorhaben zwischenzeitlich als unstrategisch. Der Klimabewegung wurde vorgeworfen, die Falschen anzuprangern und Rückhalt in der gesellschaftlichen Mitte zu verlieren. Die Rodung konnte zwar nicht verhindert werden, aber die 1,5-Grad-Forderung wurde letztendlich von den Grünen angenommen. Natürlich mussten wir bei den Grünen anfangen. Solange sie das Ziel nicht in ihrem Parteiprogramm stehen haben würden, würden sich alle anderen dahinter verstecken. Dass die Besetzung kurzfristig Kritik mit sich bringen würde, war alles andere als ein hoher Preis für das erfolgreiche Mainstreaming von 1,5 Grad. Innerhalb weniger Monate wurden 1,5-Grad-Zusagen von einem Ding der Unmöglichkeit zu einem Standard für Parteien auf dem Weg zur Bundestagswahl. Ich finde es sehr inspirierend, darüber nachzudenken, dass historisch große paradigmatische Wandel sehr oft von marginalisierten Gruppen, sogenannten Pionieren, eingeleitet wurden. Die wurden zunächst ausgelacht oder angefeindet – oftmals wurden ihre Forderungen später gesellschaftlicher Konsens. Das Frauenwahlrecht wäre ein Beispiel, auch die ersten Black-Lives-Matter-Proteste. Ein paar Monate nach unserer Besetzung des Waldes und der Zusage der Grünen musste die SPD-Chefin Saskia Esken im Interview mit dir natürlich sagen, dass sie 1,5 Grad auch gut findet.

BERND Du hast vorhin davon gesprochen, dass in der Corona-Zeit viele noch mehr in ihren Bubbles gelebt haben als sonst und sich dort radikalisiert haben. Gilt das auch für FFF? Zumal sich in derselben Zeit ja die Klimakrise verschärft hat.

LUISA Wenn ich das kurz einwerfen darf: Ich finde es ja etwas befremdlich, wie einseitig und negativ der Begriff »radikal« oftmals konnotiert wird, auch von dir in diesem Fall. Auf mich wirkt es zumindest gerade so, als würdest du Radikalisierung mit dem kontraproduktiven Drehen um sich selbst gleichsetzen. Radikalität kann auch etwas Großartiges sein, eine Konsequenz einer holistischen Systemanalyse etwa, das Anpacken der Wurzel oder das konsequente zu Ende Denken. Mehr Radikalität in der Klimakrisenbewältigung braucht es dringend, in meinen Augen.

BERND Verstehe hier doch bitte Radikalisierung als Verschärfung.

LUISA Okay. Dann ja und nein. Es macht etwas mit Leuten, die für so lange Zeit am Stück in ihren eigenen vier Wänden und ihren eigenen Bubbles denken. Man vergisst, wo »die anderen« gerade gedanklich sind, es fällt schwerer, sein eigenes Denken in ein Verhältnis zu den vielen gesellschaftlichen Realitäten zu bringen. Das macht tendenziell verständnisloser für die Haltung anderer und nebenbei ungeduldig. Damit haben wir in der Bewegung auch Erfahrungen gemacht, denn es haben sich natürlich die Proportionen total verschoben. Fange ich mal bei mir an: Vor der Pandemie habe ich jedes zweite Gespräch mit jemandem geführt, der oder die die Klimakrise höchstens halb so beunruhigend fand wie ich, und in der Regel auch einiges an Fridays for Future auszusetzen hatte. Ich musste also andauernd feststellen, dass meine Sorge um die Welt auch nach Monaten des Aktivismus in Politik, Gesellschaft und Medien mit einer gewissen Skepsis beäugt wird. Also musste ich in jedem Gespräch meine Argumentation schärfen und mich auf die Perspektiven anderer einlassen, um dann im besten Falle gemeinsame Anknüpfungspunkte zu finden. Was passiert also, wenn pandemisch bedingt ein Großteil dieser Outside-the-box-Momente wegfällt? Man vergisst schnell, unbeabsichtigt und manchmal ohne dass man es bemerkt, wo man im gesellschaftlichen Gefüge steht, und übersieht leichter die Perspektiven anderer. Das führt zu einer schärferen, aber vielleicht weniger geschärften Sprache, zu Unnachgiebigkeit, zu einer härteren Konfrontation – einer Radikalisierung in der Haltung. Das habe ich, und ich glaube auch viele andere Klima-Bewegte, auf die ein oder andere Art erfahren. Daher: Ja. Zum einen. Zum andern: Nein. Denn während die Konfrontation mit der fossilen Gesellschaft zwar abgenommen hat, haben wir uns in den langen Corona-Monaten als diverse Bewegung besser kennengelernt. Ich habe viel gelernt, von den Widerstandsgeschichten von Aktivist:innen aus sogenannten Klimahotspots, kurz MAPA, also *most affected people and areas*. Menschen wie Mitzi Jonelle Tan aus den Philippinen und Vanessa Nakate aus Uganda. Für die beiden ist die Klimagerechtigkeit kein moralischer Imperativ, sondern eine Lebensnotwendigkeit. Der Begriff Intersektionalismus spielt hier eine große Rolle, sprich die Verknüpfung der Klimakrise mit anderen Gerechtigkeitskrisen. Für die polnische Klimaaktivistin Dominika Lasota heißt Klimaaktivismus auch, für Demokratie und Frauenrechte zu kämpfen. Was bringt einem sonst ein EU-Klimagesetz, wenn die eigene Regierung sich nicht dran hält. Das Verständnis für die vielen verschiedenen Motivationen, die Menschen zur Klimabewegung gebracht haben, welche Hoffnungen und Ängste sie begleiten, hat mich und andere recht gut vor Radikalisierung geschützt, scheint mir.

BERND Das, was du Intersektionalität nennst, liegt ja in der Logik der Klimakrise. Denn wenn unsere Gesellschaft, unsere Kultur und unsere Geschichte fossil durchtränkt sind, dann hängt eben auch alles mit allem zusammen. Klima lässt sich, in dieser Lesart, nicht trennen von Rassismus, vom Patriarchat, vom Kolonialismus und vom Kapitalismus. Die Klimakrise kann demnach auch nicht beseitigt werden, ohne all diese anderen Formen von fossil verstärkter Unterdrückung zu beseitigen. Das erinnert mich ein bisschen an das doch sehr zwiespältige Diktum von Karl Marx: »Das Proletariat kann sich nicht selbst befreien, ohne seine eigenen Lebensbedingungen aufzuheben. Es kann seine eigenen Lebensbedingungen nicht aufheben, ohne alle unmenschlichen Lebensbedingungen der heutigen Gesellschaft, die sich in seiner Situation zusammenfassen, aufzuheben.« Das Problem scheint mir hier zu sein, dass dann zwar immer mehr Aspekte miteinbezogen, aber immer weniger Menschen mitgenommen werden. Denn viele gehen beim Klima mit, aber nicht zugleich beim Feminismus, beim Antirassismus und beim Antikapitalismus. Wie löst ihr dieses Problem?

LUISA Wir beschäftigen uns mit der Frage, wo die Wurzeln der Klimakrise zu finden sind – in der kolonialen, rassistischen Ausbeutung etwa – oder warum und wie die Klimakrise mit dem Patriarchat zusammenhängt – etwa durch die historisch gewachsene, anhaltende Ausbeutung von Natur, POCs und Frauen durch den weißen Mann. Das ist ja erst mal kein Problem, sondern schärft den Blick. In diesem Erkenntnisprozess stecken wir, also überwiegend weiße FFF-Aktivist:innen in Deutschland, noch in den Kinderschuhen. Ich lerne jeden Tag von MAPA-Aktivist:innen, für die diese Verknüpfungen viel selbstverständlicher sind – und dadurch auch weniger ungelenk. Ich lerne übrigens auch, dass das Lernen darüber wehtun kann, weil man versteht, wie sehr man als weiße privilegierte Frau aus dem globalen Norden ununterbrochen Diskriminierungsmuster bespielt, die man selbst verachtet. Das ist manchmal schmerzhaft. Ähnliche Erfahrungen machen, glaube ich, Männer, die nicht wahrhaben wollen, wie sehr sie im und vom Patriarchat profitieren.

Du sagst, dass immer mehr Themen und immer weniger Menschen angesprochen werden – das ist zu kurz gegriffen aus meiner Sicht. In dem Augenblick, in dem man die Klimakrise als soziale Krise, als rassistische Krise, als patriarchale Krise versteht, baut man ja Unmengen von Brücken zu weiteren Initiativen, Bewegungen, Organisationen, die sich mit eben diesen Ungerechtigkeiten beschäftigen, von ihnen betroffen sind. Dort kämpfen ja auch Menschen, die vielleicht lange Zeit dachten, das Klima würde sie nichts angehen.

BERND Das kann schon sein. Aber es erschwert den Zugang zu weißen Männern, zur Mittelschicht, die vom Prekariat profitiert, und zu den Profiteur:innen der ungerechten Globalisierung – zu Gruppen also, die einem nicht zwingend sympathisch sein müssen, die aber zurzeit etwas sehr Entscheidendes auszeichnet: Sie sind zusammen die Mehrheit in diesem Land.

LUISA Wie war das noch mal? Ein Land ist nur so gerecht, wie das Recht, das die Minderheiten erleben? Und das nicht, weil jemand in aller Großzügigkeit etwas Politik für die Marginalisierten macht, sondern weil die Marginalisierten selbst in Machtposition gebracht werden. Systemwandel halt. Man kann übrigens auch als weißer Mann Feminist sein und als Teil der Mittelschicht gegen Ausbeutung.

BERND Davon habe ich auch schon gehört. Aber das ist ein schwieriger und langwieriger Prozess, Überzeugungen zu entwickeln, die den eigenen vordergründigen Interessen widersprechen und das Nachdenken über eigene Schuld oder Verantwortung erzwingen. An dieser Stelle fällt meines Erachtens das von euch zu Recht benutzte Argument des klimapolitischen Zeitdrucks auf euch zurück. Wenn ihr sagt, in diesem Jahrzehnt muss die Klimawende klappen, oder es ist zu spät, dann kann man euch entgegenhalten: In diesem Jahrzehnt werden Kapitalismus, Patriarchat und Rassismus gewiss noch nicht vollständig abgeschafft worden sein.

LUISA Nicht vollständig. Daher kommt es so sehr auf den Ton an. Wenn man den Weg hin zu einer klimagerechten Welt als anhaltenden Prozess versteht, und den Weg weg von rassistischen und sexistischen Denkmustern auch, dann kann man auch leichter von Vorverurteilung und Absolutismen wegkommen, die diese Debatten so schnell ins Kontraproduktive zerren. Darum ist Intersektionalität auch eine wichtige und immer wichtigere Dimension unserer politischen Arbeit, aber keine Eintrittsbedingung ins Klima-Engagement. Die Erwartung kann nicht sein, dass Menschen, die mehr Klimaschutz wichtig finden, schon vor Besuch des ersten Protestes das ABC der Klimagerechtigkeit auswendig gelernt haben. Aktivismus heißt, auch persönlich zu wachsen, zu lernen, sich Zeit zu nehmen, zuzuhören, besser zu verstehen, welche Aufgabe da vor uns liegt. Das sollten allen voran diejenigen nachvollziehen können, die schon länger in Gerechtigkeitskämpfe involviert sind. Da irritiert es mich schon manchmal, wie verhärtet einige aktivistische Debatten geführt werden. Für deine Freunde heißt das: Wir nehmen auch weiße, alte Männer, die beim Sprechen noch nicht gendern – erfahrungsgemäß fangen die irgendwann ohnehin von selbst damit an.

BERND Und du selbst? Hast du dich radikalisiert in den vergangenen drei Jahren, seit du mit dem Aktivismus begonnen hast?

LUISA Ich habe mich vertieft. Und verbreitert.

BERND Klingt besser. Zurück zum Wahlkampf und zur Politik. Wenn ich da noch eine Prognose anderer Art wagen darf: Ich glaube, es wird in den nächsten Monaten eine Polarisierung zwischen »nachholen« und »nachhaltig« geben. Die einen sagen: »Wir müssen jetzt nachholen, was wir in der Pandemie alles verpasst haben.« Die anderen sagen: »Die Pandemie hat uns gezeigt, dass unser ganzes Leben so nicht mehr weitergeht, wir müssen eine nachhaltige Wende hinkriegen.« Ich fürchte nur, dass sich diese Polarisierung auf die Union auf der einen Seite und die Grünen auf der anderen Seite konzentrieren wird, die Union setzt aufs Nachholen, auf das Gefühl, dass uns das Leben nach anderthalb Jahren Corona verdammt noch mal was schuldig ist. Während die Grünen argumentieren werden, Corona habe doch gerade gezeigt, dass das Ignorieren der Naturgesetze uns unsere Freiheit kostet.

LUISA Mich beunruhigt über diesen Kontext hinaus, wie sehr die Konfrontation ins Polemische, Populistische hinein heute normalisiert ist. Das gegeneinander Aufheizen wird zelebriert. Ein gutes Beispiel ist die Behandlung von Personen des öffentlichen Lebens, die findet man nicht mehr »so lala«, die werden von einigen geliebt, aber vor allem ge-

hasst, und wie! Ich selbst hätte mir niemals ausmalen können, was für ein Hass mir einmal entgegenschlagen würde,
einfach nur durch meinen Aktivismus. Und das Absurde
ist, wie selbstverständlich es ist, dass ich auf Todeslisten
stehe. Dass meine Familie bedroht und ich gestalkt werde,
dass über mich hergezogen wird und Lügen verbreitet
werden. Und es nimmt immer weiter zu, und ich bin 25.
Was soll da noch kommen? Manchmal kommt es mir vor,
als würde man inmitten der zermürbenden, desinfiziert-
gefühlsleeren Zeit einfach irgendeine Art von Stimmung
spüren wollen. Also macht man dann halt Stimmung und
nimmt in Kauf, dass das öffentliche Auseinandernehmen
dann in erster Linie destruktiv und respektlos ist. Im Zweifel wird das weiter zunehmen, solange die soziale Isolation,
die ausartende Psychologisierung anderer von der Couch
aus, das fehlende Miteinander und das fehlende Gefühl
für die Energien des Gegenübers anhalten. Viel zu lange
fehlten die Momente, in denen politische Akteure nach
einer hitzigen Debatte außerhalb ihrer jeweiligen Rolle, als
Menschen, als Eltern oder Kinder, als müde oder heiter,
zusammengekommen und ein Bier miteinander trinken.
Mir hat mal jemand gesagt: »Verhalte dich auf Podien so,
dass du hinterher mit deinem Kontrahenten noch ein Bier
trinken kannst.« Diese Momente fielen mehr als ein Jahr
lang weg mangels Kneipe.

BERND Was du beschreibst, stimmt. Ich habe während der
Pandemie auch noch etwas anderes beobachtet: Normalerweise machen die Menschen ja immer einen wahnsinnigen
Distinktionstanz: »Auf welches Konzert gehst du? Auf
welches Konzert gehe ich? Welches Buch lese ich? Welches Buch liest du? Wohin fährst du in den Urlaub? Wohin
fahre ich in den Urlaub?« Darüber reden wir ganz viel, weil

es uns etwas gibt, uns von den anderen zu unterscheiden. Die Konzerte aber, in die wir nicht gehen, und die Orte, an die wir nicht fahren, sind alle gleich. Wir sind auf das Basale reduziert worden. Wir sehnen uns alle nach Urlaub, wir wollen uns alle ein bisschen amüsieren, Musik haben, uns in die Arme fallen, an großen Tischen viel essen und dass unsere Kinder konstant in die Schule oder den Kindergarten gehen können. Wir sind alle etwas gleicher geworden. Und etwas langweiliger, wenn man ehrlich ist.

LUISA Und noch etwas hat die Pandemie gemacht: Sie hat den Zufall praktisch komplett aus dem gesellschaftlichen Leben ausradiert. Das ist gravierend. Die Kreativität, die Begegnungen, die großen Entwicklungen, die Erfindungen, die schönen Schicksalsmomente, die normalerweise aus Zufällen heraus entstehen, haben nicht stattgefunden. So vieles, was normalerweise so lebensbereichernd ist, geht aber auf Zufälle zurück. All das fehlt: Wir bekommen genau das, was wir bestellen. Und wir bestellen das, was wir aus Gewohnheit immer bestellen. Wir treffen nur die Personen, die wir persönlich anschreiben. Wir sind auf den digitalen Veranstaltungen, auf die wir planmäßig gehen. Sich auf Neues einzulassen wird zur Seltenheit. Was für ein unglaubliches Gewicht hat mittlerweile all das, was in diesem Jahr nicht passiert ist, all die guten Ideen, die wir nicht hatten, die neuen Freundschaften, die wir nicht geknüpft haben.

BERND Die Stimmung im Land ist dennoch vielschichtig. Es gibt eine neue Zärtlichkeit, eine neue Mitmenschlichkeit, aber auch eine wachsende Aggression, von der du eben auch gesprochen hast. Was die Aggression angeht, haben wir eine Situation, die wir noch nie hatten, denn die Aggression hat weder eine Adresse noch eine Agentur. Die

Adresse wäre normalerweise die Spitze des Staates. Das ist ja das Schöne an der Demokratie, da sitzt der Sündenbock im Kanzleramt. Die Bundeskanzlerin ist aber im Weggehen begriffen. Es gibt sozusagen niemanden, der als Adressat zur Verfügung steht. Die Agentur der Aggression, der wichtigste Wut-Dealer, also die AfD, befindet sich wiederum in einer Krise – und die Querdenker sind einfach zu verrückt, um größere Aggressionsströme der Mehrheit aufnehmen zu können. Trotz allem darf man sich den Menschen nicht als Druckgefäß vorstellen, das zwangsläufig irgendwann explodiert. Die Aggression kann auch in etwas anderes verwandelt werden, in etwas Positives.

LUISA Früher haben wir gesellschaftliche Kräfte hauptsächlich aus Krisen heraus mobilisiert. Wir haben gesagt: »Hallo Leute, da ist eine Krise, nehmt sie ernst und handelt.« Heute reden wir viel mehr davon, wie eine gerechte Welt aussehen könnte und wie wir dahin kommen. Eine Welt, in der Kinder auf dem Schulweg saubere Luft atmen. In der sie keine Angst vor einer Klimakrise haben, die ihre Zukunft bedroht, eine Welt, in der Fahrradfahren in der Innenstadt Freude und keinen Frust auslöst, in der Menschen Zeit haben, sich gesund zu halten und sich um ihre Nachbarschaften und Familien zu kümmern, in der regionale und nachhaltige Ernährung kein Luxus, sondern Selbstverständlichkeit ist, genau wie das Leben auf eigenen Beinen, und nicht auf dem Rücken des globalen Südens. Im besten Falle lassen sich Menschen so inspirieren und gewinnen. Ich nenne es empörte Zuversicht.

BERND Gibt es bei euch aus deiner Sicht eigentlich strategische Defizite?

LUISA Ja. Man hat sich in meinen Augen lange, zu lange, vehement auf die globale Erwärmung fokussiert. Was wir aber erleben, ist ein Komplex der ökologischen Katastrophen. Wenn man will, kann man ihn lose zweiteilen in die Folgen der globalen Erwärmung und das Artensterben, oder auch neunteilen in die neun definierten planetaren Grenzen …

BERND … das wären noch mal …

LUISA Laut des Forschers Johan Rockström, der das Modell der »planetary boundaries« unter anderem entwickelt hat, sind das Klimawandel, Artensterben, Invasive Arten, Ozonverlust in der Stratosphäre, Luftverschmutzung, Ozeanversauerung, der Gleichgewichtsverlust der Nitrat- und anderer chemischer Kreisläufe, Süßwassernutzung und Landnutzungswandel – also so etwas wie Rodungen. Wenn eine Art ausstirbt, dann ist das nicht vergleichbar mit einem Teich, der verdreckt ist und sich vielleicht irgendwann wieder berappelt. Die Art ist dann weg. Für immer. Und wenn eine Art innerhalb eines Ökosystems eine bestimmte Funktion erfüllt hat, die keine andere Art übernehmen kann, dann kollabiert mit ihr möglicherweise irgendwann das gesamte Ökosystem. Diese Tatsache wurde von Fridays for Future, aber auch von vielen anderen Klima-Bewegungen sehr lange als Nebenthema der Naturleute behandelt. Die Ersten, die das groß auf die Agenda gesetzt haben, waren Extinction Rebellion, die von Anfang an gesagt haben: »We are in the midst of the sixth mass extinction«, – wir befinden uns inmitten eines Massensterbens.

Auch das Konzept der planetaren Grenzen hilft mir zu verstehen, dass wir hier nicht das lineare Problem haben, dass die Erwärmung voranschreitet und es dann immer gefährlicher wird, sondern dass wir vielfältige Interdependenzen erleben.

BERND Diese Interdependenzen führen uns unmittelbar hinein in das Thema Utopie. Wir stehen als Journalist:innen ja immer vor zwei Aufgaben: Zum einen zu sagen, was aus unserer Sicht der Fall ist. Und zum anderen, die Selbstverhüllung der Gesellschaft und die Selbstverhüllung des Diskurses, der die Augen verschließen möchte vor dem, was wirklich geschieht, zu durchstoßen. Es geht nicht nur darum, wie radikal sich eine Gesellschaft ändern muss, um diesen Weg der Zerstörung doch noch zu stoppen oder abzumildern, sondern auch darum, wie man das Utopieverbot, das sich diese Gesellschaft auferlegt hat, durchbricht. Es kann eben sein, dass die Welt nur mit Utopien zu retten oder auch nur nachhaltig zu verbessern ist. Vielleicht kann die Welt nur noch in Schönheit überleben. Doch die Visionen und die Utopien sind durch das 20. Jahrhundert zugemauert, weil sie mit dem Totalitären verbunden werden. Aber das müssten sie nicht sein. Ich glaube fest an demokratische, dezentrale, probierende, fehlerfreundliche Utopien. Diese Mauer zum Utopischen zu durchbrechen, ist eine wichtige Aufgabe für uns, wenn das Rettende so schnell wachsen soll wie die Bedrohung.

10. DU MICH AUCH – DER KONFLIKT DER GENERATIONEN

Die ökologische Schuld der Älteren und die nervige Unschuld der Jüngeren – Was bleibt den Boomern noch zu tun, außer still zu sein und CO_2 zu sparen? – Das Leben ist besser geworden, aber längst nicht gut genug

BERND Ich betrachte die Dinge natürlich auch im Vergleich zu den Zeiten von vor 40, 30 oder 20 Jahren. Ich beobachte da sehr große Bewegungen und Fortschritte. Ich sehe sogar ein Umschlagen. Wir hatten in den späten 90ern, in den Nullerjahren und zum Teil auch noch in den Zehnerjahren diese neoliberale Welle, die im Grunde eine Brutalisierung – das Gegenteil von Scham und Schonung – erzeugt hat, nämlich den Stolz auf Privilegien und mehr Konkurrenz. Die logische Folge dessen war dann der Autoritarismus. Die Verlierer:innen dieser Art von Globalisierung begehrten auf. Und jetzt ist der Neoliberalismus in der Defensive, immerhin, und damit auch die Verlängerung des kapitalistischen Wettbewerbs in die letzten Poren der Gesellschaft.

LUISA Das freut mich zu hören. Du bist, wenn ich das so sagen darf, nicht der erste Vertreter deiner Generation, der mir mit Blick auf die letzten 40 Jahre eine besänftigende

Analyse der aktuellen Lage anbietet. Das ist ja auch eine logische Perspektive, nur erscheint sie mir doppelt trügerisch: In der ökologischen Frage verleitet der Rückwärtsvergleich dazu, die Gefahren und Zeiträume nach vorne hinaus zu unterschätzen. Von dort rauschen nämlich in großer Geschwindigkeit planetare Grenzen und die Sprengung unseres CO_2-Budgets auf uns zu. Von einem ungeheuren gesellschaftlichen Konfliktpotenzial, von anhaltenden Diskriminierungen gefüttert. In der sozialen Frage verleitet der Rückwärtsvergleich zusätzlich dazu, Missstände zu relativieren – offensichtlich sind Frauen heute gleichberechtigter als vor 40 Jahren, Frauen dürfen heute arbeiten gehen, ohne dass sie, wie bis 1977, beweisen müssen, dass das mit ihren »Pflichten in Ehe und Familie vereinbar« ist – halleluja. Seit 1980 sollten wir auch das gleiche Gehalt bekommen, theoretisch. Die Messlatte sind aber nicht mehr die gesellschaftlichen Umstände von vor 40 Jahren, sondern die heutigen, denn Normen wandeln sich ja stetig. Welchen Grund gibt es noch, Frauen nicht gleich zu bezahlen? Ihnen Karrierewege zu verbauen? Oder auch emanzipatorische Fragen weiterhin großzügig auf weiße Frauen zu beschränken?

Ja, es ist nett, sich zu erklären, wie gut die eigene Bilanz ist und dass sich ja durchaus was bewegt hat. Das meine ich ganz ernst, es kann ermutigend sein. Es ermutigt mich natürlich zu wissen, dass Frauen vor 120 Jahren nicht wählen konnten und es geschafft haben, das Recht zu erkämpfen. Nur ist der Maßstab heute ein anderer. Übrigens hat sich der Stand in Sachen sozialer Gerechtigkeit auch in jüngerer Vergangenheit sehr viel verschlechtert, durch die Pandemie hat die globale Gleichstellung beispielsweise eine ganze Generation an Fortschritt verloren, laut World Economic

Forum braucht es in diesem Tempo weitere 135,6 Jahre, bis Frauen weltweit gleichberechtigt sind.

Auch Deutschland hat seit 2020 Rückschritte gemacht. Um aufzuholen, wird man Gleichberechtigung schneller und auch komplexer denken müssen. Komplexität entsteht dabei durch Intersektionalität, durch die Verknüpfung der Ungerechtigkeiten zwischen Frauen und Männern, mit denen zwischen Cis-Menschen und LGBTQ+, zwischen BIPoCs, zwischen Menschen mit und Menschen ohne Behinderung, mit und ohne Ost-Biografie und so weiter. Das ist mühsamer, weil komplizierter. Aber gut, es hat niemand gesagt, dass es leicht wird. Die Physiker:innen der Apollo-Missionen haben ja auch nicht gesagt: »Oh, das ist aber zu komplex, dann machen wir das lieber nicht.«

BERND Ich finde den Standpunkt, den du einnimmst – also zu schauen, was es *jetzt* an Ungerechtigkeiten und Ausbeutungsverhältnissen gibt – nachvollziehbar. Nur nicht für mich, jedenfalls nicht nur. Ich sehe es natürlich anders, also nicht nur die Differenz zwischen dem, was ist und dem, was sein sollte, sondern auch die zwischen dem, was ist und dem, was war. Und da stelle ich schon erhebliche Verbesserungen fest, seitdem ich geboren bin.

LUISA Herzlichen Glückwunsch.

BERND Hohn hilft uns hier vielleicht nicht so weiter. Du siehst diese gegenwärtigen Differenzen zwischen Sein und Sollen jetzt mit der Lupe und das ist auch okay, das will ich gar nicht bestreiten. Es kann einem aber die Hoffnungsperspektive verschließen, wenn man nicht würdigt und analysiert, was schon besser geworden ist und wie das geschehen ist. Gemessen an dem, was vorher war, sehe ich eben eine Tendenzwende bei vielen Leuten, obwohl immer noch sehr große Ungleichheiten und Verlogenheiten da sind. Ich finde es legitim, dass ihr sagt: »Warum werden Frauen überhaupt noch ausgebeutet? Erzählt uns bitte schön nicht, dass sie in den Siebzigerjahren sogar noch viel mehr geschlagen wurden.« Das ist eure Erzählung, aber nicht unsere.

LUISA Letztendlich ist es in meinen Augen nicht sehr hilfreich, Zustände der Vergangenheit als Maßstab zu nehmen. Das ist auch ein großes Problem in der Klimafrage: Wenn man sich anguckt, wie viele Emissionen seit 1990 schon reduziert wurden – über 40 Prozent, wie uns freudestrahlend jeden zweiten Tag aus irgendeinem Ministerium mitgeteilt wird – klingt das natürlich nach einem fantastischen Track-Record.

BERND Aber?

LUISA Ja, palim-palim, das ist ein völlig verquerer Maßstab. Du guckst auf die letzten 30 Jahre und kannst dich freuen, ich gucke auf die nächsten 30 Jahre und frage mich, wie es sein konnte, dass man in den letzten 30 Jahren nicht verhindert hat, dass die nächsten 30 Jahren nun nach ökologischen Dauer-Katastrophen aussehen.

BERND Wir reden hier ja indirekt auch über das Thema Boomer. Mein Argument gerade war, dass jemand, der die großen Fortschritte nicht sieht, vielleicht auch nur schwer Hoffnung aus der jetzigen Situation ziehen kann. Es geht aber nicht nur um Hoffnung, sondern auch um Legitimation. Haben wir Boomer auch irgendwas beigetragen, außer im Weg zu stehen? War das Leben von Boomern rundum schlecht, weil wir in den reichen Ländern den größten CO_2-Abdruck der Weltgeschichte erzeugt haben, oder haben wir vielleicht auch etwas geschaffen? In deiner Perspektive, die nur auf die Defizite und die Emissionen schaut, verschwindet unsere Lebensleistung, was nicht sonderlich einladend wirkt, ehrlich gesagt.

LUISA   Gut, bevor mir gleich pauschales Boomer-Bashing vorgeworfen wird: Die Boomer-Generation ist eine große
Gruppe, und natürlich kann man die nur sehr , sehr bedingt
in einen Topf werfen. Ich habe viel Zeit mit einigen von
euch verbracht und keinen Grund für kategorische Anti-
pathie. Meine eigenen Eltern sind Boomer, mein Vater insbesondere war ein regelrechtes Symbolbild, ein ganz toller
Mann und auf eine fast schon sympathische Art ein Fleisch-,
Maschinen- und Autoboomer, wie er im Buche steht.
Würde er noch leben, hätte er in aller Begeisterung sicherlich so einiges zu meinem Klima-Aktivismus zu sagen.
Wenn ich hier von Boomern spreche, meine ich jene überwiegend männlichen Boomer, die tendenziell öffentlich
sprechen, dabei permanent in ihrem eigenen Status baden
und gleichzeitig auf alles, was jünger oder weiblicher oder
migrantischer ist als sie selbst, herabblicken und damit
eben zwangsläufig eine ganze Boomer-Generation in Ver-
ruf bringen. Klammer zu. Sieh mir nach, wenn ich da keine
so große Geduld habe.

BERND   Das ist mir tatsächlich schon aufgefallen.

LUISA   Seit Jahrzehnten ist es die Hauptbeschäftigung in Politik und Medien, Leistung, Denken, Ideen und Können von
Boomern auszuwalzen. Die Besprechung der eigenen Lebenswelt, die Nach-, Vor- und Übererzählung der eigenen
Lebensdramen und Biografien rattert ununterbrochen:
»Komm, wir suchen Udo 500, der uns noch mal erklärt,
was er jetzt eigentlich gerade über die Frauen denkt.« Wo
man auch hinblickt, in jeder Zeitungsredaktion, in jeder
Chefetage sind Boomer, die für sich selbst und mit sich
selbst Weltpolitik-Ereignisse koordinieren und besprechen und das auch alles in der Regel relativ großartig finden. Dass dann eine einzige Jugendbewegung ausreicht,

um einen scheinbaren Tiefenschmerz auszulösen, nur indem sie sagt: »Liebe Boomer, war nicht alles ganz so gut«, und du mir freundlich ans Herz legst, wir mögen doch ein bisschen freundlicher mit den Boomern sein, weil sie sensible Nervensysteme haben, das finde ich ehrlich gesagt dramatisch.

BERND Dazu nur zwei Dinge: Erstens haben wir quasi als Hobby noch etwas anderes gemacht als uns gegenseitig einen runterzuholen, nämlich das Land einen Hauch besser gemacht, als es vorher war, unsere Vorgängergeneration entgiftet und die erste Hälfte des letzten Jahrhunderts einigermaßen unschädlich gemacht. Zweitens wäre ich mir nicht ganz so sicher, welche Generation mehr um die eigenen Befindlichkeiten rotiert, deine oder meine.

LUISA Danke dafür.

BERND Keine Ursache. Ich will keine Dankbarkeit, für nichts. Ich frage mich nur, was ihr den Boomern eigentlich anbietet, außer Schweigen oder die Unterwerfung unter eure moralische Position, die ich im Übrigen richtig finde, wie du ja weißt. Was ist dein Vorschlag? Ihr sagt, dass die Klimawende innerhalb der nächsten Jahre geschafft wird oder schiefgeht. Und da muss ich dir leider sagen: Wir sind dann noch da, wir sind viele, wir sind erschreckend gesund und wir haben Einfluss.

LUISA Meinetwegen müssen wir nicht tagein, tagaus über die vergangenen Verfehlungen der Boomer diskutieren. Total okay. Viele Boomer sind hier ja überhaupt nicht mit gemeint, einige der engagiertesten Klimaschützer:innen dieses Landes sind Boomer! Der Generationenkonflikt zwischen Boomern und den jüngeren Generationen ist ja nicht vom Himmel gefallen, sondern erwächst aus dieser bizarren Situation, dass zwar riesengroß im Raum die wissenschaftlich klar fundierte Feststellung steht, dass zu viele Boomer, obwohl informiert und aufgeklärt, die Klimakrise immer weiter befeuert haben. Und gleichzeitig besagte Boomer auf unser freundliches »Hi, jetzt muss sich ganz viel ändern« nicht etwa geantwortet haben: »Ach stimmt, sorry da war was, haben wir übersehen, wir ändern das.« Nein, Vertreter:innen der Generation Altmaier ist allen Ernstes nichts Besseres eingefallen als »Nicht in diesem Ton, und schon gar nicht am Freitag«, »Schön, dass ihr euch *engagiert*«, »Das könnt ihr dann ja besser machen, wenn ihr alt genug seid«. Es wurde sich in einer beeindruckenden Selbstgefälligkeit an uns abgearbeitet, als wären wir schuld an der Klimakrise, nur weil wir aussprechen, dass es sie gibt.

Forderungen nach Kohleausstieg, CO_2-Preis und Kleinigkeiten wie Menschheitsrettung wurden von Boomern diskursiv in so viel Ideologie getränkt, bis sie zu Rufen nach Ökodiktatur, Planwirtschaft, Freiheitsberaubung oder gleich Sozialismus entstellt wurden – und aus einer Debatte um wissenschaftliche Erkenntnisse und Allgemeinwohl so ein anhaltender Streit voller Missverständnisse und Vorurteile wurde. Damit macht man nur bedingt Werbung für seine Generation. Aber wie gesagt, ich bin die erste, die sich freut, Konflikte beizulegen. Die Vorstellung, man müsse ihnen nur freundlich auf die Schulter klopfen und sagen: »Ihr habt das in der Vergangenheit richtig gut gemacht, und jetzt machen wir noch ein bisschen Klimaschutz«, finde ich verlogen.

BERND Ich glaube nicht, dass ich darum gebeten habe, dass man uns auf die Schulter klopft, das machen wir schon selber.

LUISA Na ja, wenn ich mir angucke, was über und an uns geschrieben wird, wie oft wir gefragt werden, ob wir nicht endlich mal zufrieden sein können: eigentlich schon.

BERND Die Frage ist, ob wir eigentlich mehr sind, als nur eine Kumulation von CO_2-Emissionen, die obendrein zu viel Aufmerksamkeitsenergie frisst. Was denkt ihr, mit Verlaub, was ihr mit uns noch anfangen wollt?

LUISA Ich erkenne an, dass es biografisch aufwendig und aufreibend ist, sich der Klimafrage in aller Offenheit zu stellen. Wenn man es eigentlich gut meint und wir tendenziell leicht überheblich daherkommen und sagen: »Thank you for nothing. Schaut euch die ganzen Emissionen an, was habt ihr noch dazu zu sagen?« Dass es schwerer ist, ad hoc einzulenken und sich der Klimakrise zu widmen, wenn man das eigene, zweifelsohne auch sehr schwere Leben eigentlich auch gerne eine Runde wahlweise beweinen oder feiern möchte, verstehe ich auch. Aber sag du doch: Welches Angebot müssten Boomer bekommen, damit sie die Kurve kriegen würden, sich der Klimafrage, dem ökologischen Komplex zu widmen?

BERND Die Boomer sind ja ein bisschen so wie die Mehrheit. Und wenn man der Mehrheit in unserer Bevölkerung nicht die Chance gibt, ihr bisheriges Leben anders anzugucken als unter dem Schuld- und Emissionsaspekt, dann wird man sie nur schwer gewinnen können. Es geht nicht darum, dass die Boomer bemitleidet werden. Die Sinnhaftigkeiten des eigenen Lebens, das man nicht mehr ändern kann, weil es schon in großen Batzen vergangen ist, kann nicht als eine rein gescheiterte Geschichte behandelt werden. Deal with it, it's democracy.

LUISA Was wäre dein Gegenvorschlag?

BERND Ich sehe die Boomer-Geschichte durchaus auch als eine Geschichte von Emissionen und von unterlassenen

Veränderungen, ganz klar. Aber ich sehe sie auch als eine Geschichte von Fortschritten. Und ich sehe, jedenfalls bei einem Teil, die Bereitschaft, in recht hohem Alter noch mal etwas Grundlegendes zu ändern.

LUISA Die Lösung der Sache kann natürlich nicht das ewige Rumreiten auf einem Generationenkonflikt sein. Nicht nur aber schlicht auch, weil wir euch brauchen und mit unseren Konflikt-Energien haushalten müssen. Vielleicht gibt es die Möglichkeit, aus einer Solidarität über Generationen hinweg über Krisen zu sprechen und sie vielleicht auch zu bewältigen. Zwischen den jüngeren, ökologisch Bewegten und der Elterngeneration der Boomer, die jetzt um die 80 Jahre alt ist, gibt es ja schon eine starke Verbindung, denn die Älteren sind überproportional betroffen von der Klimakrise, weil sie im Sommer die Hitze nicht mehr aushalten. Sie schauen aber gleichzeitig mit einer ganz anderen Gelassenheit auf diese fossile Gesellschaft, weil sie sich daran persönlich nicht mehr abarbeiten müssen.

BERND Ich kann mir auch gut vorstellen, dass es eine Verbindung zwischen den 80-Jährigen und den 20-Jährigen gibt: Die ältere Generation, die noch nicht so viel CO_2 emittieren konnte, weil die technischen und die Wohlstandsvoraussetzungen noch nicht da waren. Und eure Generation, die nicht mehr so viel CO_2 wird emittieren dürfen wie wir Boomer.

LUISA Und beide werden nicht ganz ernst genommen.

BERND Das weiß ich nicht. Ich würde das, was du an Kritik und Unzufriedenheit mit dem Status Quo formulierst, auch nicht als Zeichen von Ungeduld interpretieren. Eure objektive Lage im ökologischen Drama ist einfach eine andere. Ihr werdet viel mehr betroffen sein, wenn es so weitergeht und ihr werdet viel mehr und viel länger darunter leiden. Als ihr vor zwei Jahren gekommen seid, war das ein Schock, es war ein Segen und es war ein Weckruf. Und dass ihr noch da seid, ist auch ein Segen. Manchmal wäre es allerdings auch schön, man würde nicht ständig das Gefühl vermittelt bekommen, ihr wärt moralischere Menschen, nur weil ihr noch nicht so viel Zeit wie wir hattet zu sündigen.

LUISA Ich dachte ja damals, Fridays for Future sei ein Zwei-Monats-Projekt. Deswegen habe ich mit anderen die Streiks in Berlin angefangen, ich habe damals selbst gar nicht in Berlin gewohnt. Ich hätte nicht gedacht, dass ich zwei Jahre lang jeden Freitag nach Berlin pendele. Ich dachte, dass es nur eine Art Erinnerung braucht und es der Politik dann peinlich ist, weil sie denkt: »Um Gottes Willen, die Kinder gehen nicht mehr zur Schule.«
Wir haben das nicht als Generationenkonflikt gestartet. Ich hätte mir niemals vorstellen können, mit welcher Arroganz und Überheblichkeit wir dann beschrien und niedergemacht wurden von eben genau der Kategorie Boomer. Das hat meinen Blick auf diese Generationen natürlich verändert.

BERND Die ersten Reaktionen von mächtigen Boomern auf euch habe ich auch so wahrgenommen. Mein Eindruck war aber, dass sie im zweiten Nachdenken stark verunsichert waren. Dass Peter Altmaier Ende 2020 probiert hat, einen Klimakonsens zu erreichen, war eher eine pantomimische Aktion, weil sie nicht wirklich etwas bewirkt hat, aber dieses Bedürfnis, am Ende doch noch etwas gutzumachen, ist schon zu spüren gewesen. Und das hat mit euch zu tun.

LUISA Die meisten Eltern wollen ja tatsächlich, dass es ihren Kindern einmal besser geht, und die meisten Kinder wollen, dass es ihnen künftig auch gut gehen kann. Da wäre ein intakter Planet womöglich ein fast schon naheliegender, gemeinsamer Nenner. Wir sind übrigens nicht nachtragend.

BERND   Ich finde es passend, dass du hier das letzte Wort hast.

11. IST NICHT ALLES MEINUNG – WISSENSCHAFT IN DEN KRISEN

Was bedeutet es, der Wissenschaft zu folgen? – Was bleibt dann von der Politik? – Die Kluft zwischen Eingriffstiefe und Erkenntnistiefe wird größer – Was passiert, wenn die Wirklichkeit schneller ist als die Wissenschaft?

LUISA Fang du an.

BERND Nein, du. Ihr sagt doch: »Follow the Science.«

LUISA »Unite behind the Science«, das ist ein großer Unterschied. Es geht ja nicht darum, dass alle einzeln ihren Lieblingswissenschaftler:innen hinterherrennen, sondern darum, anzuerkennen, dass es große wissenschaftliche Konsense gibt. Repräsentiert werden diese Konsense unter anderem vom Weltklimarat, der Intergovernmental Panel on Climate Change, kurz IPPC, einer wichtigen Institution, die die Klimaerkenntnisse zusammenträgt. Eigentlich sollte es uns durch diese Erkenntnisse leichter fallen, erst Handlungsdrang und dann Handlungsstränge zu entwickeln. Da die Konsequenzen dieser Erkenntnisse aber so drastisch sind, erscheint es uns als ebenso charmanter Weg zu sagen: »Wir relativieren die Erkenntnisse und betrachten sie nur als Option.«

BERND Anhand der Corona-Pandemie sind mir da im Verhältnis von Politik und Wissenschaft zwei Dinge aufgefallen: Die Wissenschaft musste hier auf Grundlage von sehr dünnem empirischen Material Empfehlungen für sehr weitreichende politische Handlungen geben. Das ist eine wichtige Lehre für die ökologische Krise. Denn wenn wir in eine Situation kommen, in der sich die ökologische Dramatik und Dynamik in einem solch hohen Tempo entfalten, dass die Wissenschaft nur noch hinterherforscht, werden wir eine ähnliche Situation haben wie in der Pandemie – nur ohne Impfstoff. Deswegen muss man eine Situation vermeiden, in der die Krise schneller wird, als die Wissenschaft forschen kann. Das Zweite, was ich gelernt habe, ist, dass die epidemiologische Logik dazu neigt, alles andere nicht mehr zu berücksichtigen.

LUISA Wie meinst du das?

BERND Die Kosten, die nicht mit Viren zu tun haben, liegen außerhalb des Feldes der Virolog:innen und Epidemiolog:innen. Sie sind keine Volkswirtschaftler:innen, Pädagog:innen oder Psycholog:innen. Ein so enger Ausschnitt von Wissenschaft wie Epidemiologie oder Virologie kann also allein nicht politikleitend sein. Dahinter steckt aus meiner Sicht eine noch größere Lehre, eben weil die Wissenschaftler:innen in der Pandemie mit sehr langen Stäben in sehr dickem Nebel gestochert haben: Wir Alltagsmenschen denken ja immer, dass die Kluft zwischen dem, was die Menschheit weiß, und dem, was sie noch nicht weiß, immer kleiner wird. Wir wissen anscheinend immer mehr. Jetzt merkt man, dass das eine sehr naive Herangehensweise ist, weil gute Wissenschaft zwar immer mehr weiß, dadurch aber auch immer genauer sieht, was sie alles nicht weiß. Das war das Tolle an Christian Drosten und einigen

anderen Virolog:innen. Sie haben immer mitkommuni-
ziert, dass mit jeder neuen Erkenntnis noch mehr neue
Fragen entstehen. Das ist meines Erachtens eine wichtige
Dynamik. Nicht die Kluft zwischen dem, was wir wissen,
und dem, was wir nicht wissen, wird kleiner, sondern die
Kluft zwischen Erkenntnistiefe und Eingriffstiefe wird immer größer: Wir greifen immer mehr in eine Natur ein, von
der wir radikal zu wenig wissen.

LUISA Wir als Bewegung haben ja angefangen, auf die Straße
zu gehen, weil wir der Wissenschaft zugehört und daraus eine Handlungsmaxime abgeleitet haben. Es gibt so
viele Wissenschaftler:innen, die, obwohl sie wahnsinnig
viel erforscht haben, mit ihren Botschaften lange Zeit
nicht gehört wurden. Das hat auch strukturelle Gründe:
Man bekommt Gelder für die Forschung, aber nicht für
die Kommunikationsarbeit. Es gibt also eine große Masse
von forschenden und informierten Menschen, die aber
keinen Resonanzraum haben. Mit der Bewegung haben
wir einen Resonanzraum geschaffen. Mittlerweile gibt es
30 000 Wissenschaftlerinnen und Wissenschaftler alleine
im deutschsprachigen Raum, die als Scientists for Future
sagen: »Fridays for Future hat recht und es ist richtig, dass
sie auf die Straße gehen.«

BERND Hat Corona dein Wissenschaftsverständnis verändert?

LUISA Ich sehe vor allem Unterschiede: Bei der Klimakrise
forscht man seit Jahrzehnten. Die Corona-Pandemie als
konkretes SARS-CoV-2-Phänomen ist sehr viel jünger.
Natürlich musste man da viel mehr mutmaßen und viel
vorsichtiger sein. In der Klimakrise konnte man 40 Jahre
lang das Regierungstreiben beobachten und kann deshalb
natürlich in einem ganz anderen Selbstverständnis davon
sprechen, was verträglich ist und was nicht. Vor allem weil

die Klimakrise auch weniger linear verläuft als eine Pande-mie. In der Klimafrage geht es ja auch immer darum, wel-che kritischen Rebound-Effekte und Feedbacks mögliche Entscheidungen auf die Ökosysteme selbst haben.

BERND Wenn wir uns auf die Rolle der Wissenschaft gegen-über der Politik und in der Öffentlichkeit konzentrieren, sehen wir, dass Virolog:innen häufig vorgeworfen wird, sie bewegten sich nicht nur in der Rolle als Wissenschaft-ler:innen, sondern seien auch noch auf Twitter aktiv und würden Manifeste unterschreiben. Das wird ja auch Klima-wissenschaftler:innen vorgeworfen. Wie beantwortet man diese Kritik, dass Wissenschaftler:innen nicht bei ihren Leisten bleiben, dass sie nicht nur Wissen zur Verfügung stellen, sondern es auch betreiben? Bevor du antwortest, zwei Beispiele: Wenn Hans Joachim Schellnhuber vom Potsdam-Institut für Klimafolgenforschung, der wirklich eine große Expertise hat, anfängt, beim Thema Klima über die Frage zu philosophieren, ob die Demokratie in ihrer jetzigen Gestalt damit fertig werden kann und Vorschläge zum Umbau macht, verwechselt er da nicht Privatmann und Wissenschaftler? Oder Anders Levermann, auch vom Potsdam-Institut, der sagt, die Grünen sollten sich vom 1,5-Grad-Ziel verabschieden, weil das in Demokratien nicht mehr durchsetzbar wäre, ohne autoritäre Bewegun-gen zu schaffen. Das ist ebenfalls eine interessante Privat-meinung, die er da zum Thema Politik und autoritäre Be-wegung hat, aber es ist doch eigentlich nicht seine Sache.

LUISA Aber sprechen die da als Wissenschaftler oder als Mann? Vielleicht ist es auch einfach eine männliche Ge-wohnheit, auf alles eine Antwort geben zu können.

BERND Auch Klimawissenschaftler:innen greifen stark in den Diskurs ein. Ich gebe zu, dass ich da selber unentschieden bin, denn wenn diese Forscher:innen sagen würden: »Unser Leben, wie wir es kennen, geht kaputt. Es ist ein Menschheitsdrama, das sich hier vollzieht. Und im Übrigen: Der Rest ist eure Sache«, dann hätte ich Angst, dass den Leuten die Köpfe platzen würden. Zum Zweiten: Als Atomphysiker:innen im letzten Jahrhundert gemerkt haben, dass durch ihre Forschung Atombomben entstehen können, haben sie auch nicht geschwiegen. Diejenigen, die sich damals engagiert haben, sind im Nachhinein zu Held:innen in unserer Geschichtsschreibung geworden. Jetzt machen Klimaforscher:innen etwas Ähnliches und es wird gefragt, warum sie sich so aufregen und ob sie das überhaupt dürfen.

LUISA Ist es nicht auch dramatisch, Klimaforscher:innen auf ihre Rolle im Labor zu reduzieren? Bei Klimakonferenzen gibt es oftmals große Abschlussveranstaltungen, bei denen am Ende die vermeintlich wichtigsten Menschen auf die Bühne geholt werden. Als 2019 die UN-Klimakonferenz in Madrid stattfand, hat der Klimaforscher Johan Rockström bei dieser Abschlussveranstaltung gesprochen. Er ist ein begnadeter Wissenschaftler und kann in einer großartigen Eloquenz über wissenschaftliche Probleme und die Fragen des Planeten sprechen. Der Satz, der mir von seinem Vortrag im Kopf geblieben ist, war aber keine Erläuterung über planetare Grenzen, sondern: »Ich bin Vater und ich habe Angst um die Zukunft meiner Kinder.« Mehr musste er nicht sagen. Soll man jetzt Johan Rockström absprechen, als Vater Angst zu haben und darüber zu sprechen? Nein, im Gegenteil. Ich glaube, es ist wichtig, dass Wissenschaftler:innen auch als Menschen erkannt werden, nicht zuletzt auch aus einer Kommunikationslogik heraus. Im Zweifel sind das die Menschen, die die Wahrheit so ausdrücken, dass sie ankommt und auch verstanden wird.

BERND Wahrheit wäre nicht mein Wort. Ich sage immer Tatsachen, weil es sonst Missverständnisse gibt. So oder so besteht die Hauptgefahr gewiss nicht darin, dass sich Wissenschaftler:innen zu sehr engagieren, sondern darin, dass sich große Teile der Bevölkerung von der Wissenschaft abwenden, weil sie deren Forschungsergebnisse nicht mehr hören wollen, weil die Politik sich weigert, die darin enthaltenen Probleme zu lösen. Wissenschaftsfeindlichkeit kann eben auch der geistige Kollateralschaden ausgebliebener Klimapolitik sein. Ein Gedanke noch zu den Geisteswissenschaften. Sie können sicher Pfade für Veränderung aufzeigen, sie können aber auch das Gegenteil tun. Der Soziologe Armin Nassehi beispielsweise wird von vielen Politiker:innen auch deshalb so geschätzt, weil er ihnen einen Überbau für das Zu-wenig-Tun liefert. Nassehi behauptet, dass komplexe demokratische Gesellschaften sich nur sehr langsam verändern können, dass das auch gut so sei und auch für die Klimakrise gelte. Er vollführt da einen wunderbaren Zaubertrick, indem er Politik zu Physik erklärt und Physik zu Politik. Die Gesetze der Politik sind unabänderlich, deswegen müssen sich die Prozesse in der Erdatmosphäre dem anpassen. Man sieht, Wissenschaft und Magie berühren sich in der Stratosphäre.

Ernster gesagt: Wissenschaft kann viel leichter erklären, warum man der gegenwärtigen Gesellschaft einen radikalen 1,5-Grad-Pfad nicht zumuten kann. Weniger gut können sie erklären, warum die dramatischen Folgen einer 3-Grad-Politik in 20 Jahren demokratisch besser verarbeitbar sein sollten als eine 1,5-Grad-Politik heute. Darin liegt eine gewisse affirmative Drift. Aber vielleicht ändert sich auch die Soziologie, wenn die Politik sich ändert.

12. GEOPOLITIK AUF EINER NEUEN ERDE – WAS NACH DER FOSSILEN WELTORDNUNG KOMMT

Wenn der CO_2-Ausstoß auf null sinkt, tut es dann auch die Macht der Öl-Staaten? – Können die USA die Welt noch führen und wenn ja, wohin? – Haben Flugzeugträger noch einen Sinn? – Wer zerstört den Regenwald? Bolsonaro oder wir?

BERND Eines muss man vielleicht vorweg eingestehen: Wir wissen nicht wirklich, was Politik ist, weil wir in der Menschheitsgeschichte bisher fast ausschließlich männliche Politik kennengelernt haben. Wir wissen erst recht nicht, was moderne Außenpolitik ist, weil auch diese sehr stark männlich überformt ist. Dazu kommt, dass wir es gewohnt sind, die internationale Politik aus dem Blickwinkel unserer westlichen Dominanz zu sehen oder aus der Kränkung darüber, dass diese Dominanz nun allmählich verloren geht, weil der Rest der Welt stärker wird. Auch ohne die Klimafrage werden wir also bald erleben, wie internationale Politik aussieht, wenn sie weniger vom Westen und weniger von Männern dominiert wird. Die Spielregeln werden sich insofern deutlich verändern. Jetzt kommt also das Klima- und Ökologie-Thema hinzu und müsste eigentlich die gesamte geopolitische Sichtweise verändern, weil die Geopolitik, die internationale politische Landkarte der vergangenen 200 Jahre, zutiefst fossil strukturiert war und noch ist. Man stelle sich den Mittleren Osten ohne Öl vor oder Russland ohne Gas oder die westlichen Industrienationen ohne ihren Öl-Hunger. Da wäre Saudi-Arabien ein armer Wüstenstaat, Russland eine von seiner eigenen Fläche überforderte Mittelmacht, und die meisten Flugzeugträger der USA könnten bequem als schwimmende Baseballstadien verwendet werden. Dass wir uns von dieser fossilen Welt nun rasch verabschieden, spielt aber bisher in der internationalen Politik noch eine sehr untergeordnete Rolle. Während etwa die Internationale Energieagentur den Stopp für alle neuen Gasfelder verkündet, schicken Griechenland und die Türkei Kriegsschiffe gegeneinander – wegen eines Gasfeldes. Dabei besteht Macht ja gerade in der Außenpolitik vor allem in der Machtvermutung oder Machterwartung: Wenn sich das Gegenüber machtpolitisch aufbläht, wie viel Wirklichkeit messe ich dem bei? Und da müsste das Pariser Abkommen eigentlich eine Revolution der fossilen Geopolitik nach sich ziehen. China, die EU und auch die US-Amerikaner:innen haben CO_2-Reduktionsbeschlüsse bis zum Jahr 2030 gefasst, die bedeuten, dass die ganze Welt der fossilen Machtentfaltung alsbald in die Krise geraten wird – und zwar auch dann, wenn die Reduktionsziele nicht ganz erreicht werden, denn die Nachfrage nach Öl und Kohle wird so oder so deutlich nachlassen. Die ganze fossile Weltordnung ist also dabei zu kollabieren. Das bezieht sich vor allem auf die Länder, die überwiegend von fossilen Exporten leben, wie Russland, die Arabischen Emirate, Saudi-Arabien oder

Venezuela. Die von ihnen hegemonial beeinflussten oder subventionierten Staaten, wie zum Beispiel Ägypten, werden ebenfalls in größte Schwierigkeiten kommen.

Die Machtprojektion der herrschenden Mächte auf Ölquellen und Gaspipelines wird auf unserem Weg in eine postfossile Welt sinnlos und hohl. Warum wird etwa Russland noch wie eine Quasi-Weltmacht behandelt? Der Nachhall aus dem 20. Jahrhundert scheint da stärker zu sein als die Vorzeichen des 21.

Ich kann allerdings auch nicht erkennen, dass zum Beispiel die Amerikaner:innen nach den vier erratischen Trump-Jahren ihre Machtprojektion auf die Welt grundlegend verändern würden. Es ist zwar sehr interessant, was in den USA gerade politisch passiert und was sie ökologisch machen, das sind zu großen Teilen gute Entwicklungen. Aber die Amerikaner:innen halten sich nach wie vor für das tollste Volk der Weltgeschichte und möchten die Welt führen, 400 Millionen die acht Milliarden. Das kann man schön finden oder bizarr, aber es ist auch eine wahnsinnige Last für die Amerikaner:innen. Es war lange Zeit so, dass sie die Weltordnung dominiert und die Stabilität auch gehalten haben. Das geht jetzt vorbei und das bringt die Amerikaner:innen in eine Überforderungssituation. Sie müssen ihre Denkweise verändern zu postfossil und postdominant.

LUISA Das müssen wir alle.

BERND Ja, und ich fürchte, dass der Wandel durch vieles irritiert werden kann: durch sinnlose Kriege oder überzogene Machterwartungen an die alten fossilen Mächte, aber auch dadurch, dass die ehemals dominierende Supermacht USA mit ihrem Machtschwund nicht klarkommt und erratische, überzogene Politik machen könnte: mal zu wenig interveniert, mal zu viel; es mal ablehnt, sich international einbinden zu lassen und mal mehr internationale Kooperation postuliert, dann aber meint, sie müsste auch gleich wieder führen. All das kann furchtbar viel politische Energie verschwenden, das wäre meine Sorge trotz wirklich sehr guter Ansätze der neuen Biden-Administration.

Noch größere Sorgen bereitet mir, dass die Türkei und vor allem Russland in keiner Weise den Anschein erwecken, als würden sie die Klima-Beschlüsse der EU, der USA und Chinas ernst nehmen und sich darauf einstellen, dass ihr fossil korruptes Geld, mit dem sie ihren Laden am Laufen halten, vielleicht weniger wird. Das bedeutet: Die Logik der internationalen Politik aus den letzten zwei Jahrhunderten geht erst mal noch so weiter, obwohl die materielle Basis dafür wie Treibsand schwindet. Die Konturen einer postfossilen Geopolitik sind noch nicht erkennbar, das ist für mich eines der großen Rätsel unserer Zeit.

LUISA Was bedeutet es also, wenn das, was normalerweise Macht definiert und gesichert hat, nämlich vor allem der Besitz und die Verwaltung fossiler Energieträger, schwindet? Und zwar nicht graduell und allmählich, sondern immer öfter von jetzt auf gleich? Erste Vorboten dieser anstehenden Disruptionen kann man jetzt schon an der amerikanischen Börse erkennen: Wenn zum Beispiel eine große Institution wie der Staatliche Pensionsfonds von Norwegen ankündigt, zu divestieren, sprich, seine Anteile an Kohle, Öl und Gas abzustoßen, fallen die Börsenkurse von US-amerikanischen Ölunternehmen in den Keller. Bisher erholen die sich immer wieder, aber die Wertverluste sind jetzt schon messbar. Die Tatsache, dass alleine die Ankündigung auf Divestment Kurseinbrüche produziert, unterstreicht die wachsende Fragilitiät der Fossilität.

Ankündigungen, die eigene Politik am 1,5-Grad und selbst am 2-Grad-Ziel ausrichten zu wollen, wirken ebenfalls immer disruptiver. Was bedeutet es zum Beispiel, wenn die USA sagen: »Wir steigen aus der Kohle aus«? Was heißt das für Dekaden-alte Machtgefälle, Lobbybeziehungen – oder auch die Pensionen der Arbeiter:innen, die im Gegensatz zu Deutschland in den USA an die Kohleunternehmen selbst gebunden sind?

Ein zweiter Gedanke: Wir können in der Klimafrage nicht das außenpolitische Spielfeld aufmachen, ohne dabei anzuerkennen, wie sehr staatliche Mächte von Konzern-Mächten Konkurrenz bekommen. Wenn Facebook etwa ein Land wäre, wie mächtig wäre es dann? Diese Frage stellt sich auch für fossile Giganten wie ExxonMobil und Shell und deren Investoren oder Banken. Sie verwalten nicht nur Unmengen an Ressourcen und Land, ihre Lobbys gehören auch zu den mächtigsten der Welt. Es ist ein offenes Geheimnis, dass unzählige Gesetze überall auf der Welt unter Einfluss der fossilen Lobby verfasst und umgesetzt werden. Die enge Verdrahtung von Kohleindustrie und Politik ist auch in Deutschland ganz wunderbar zu beobachten. Einen Tag verhandelt Stanislaw Tillich, der frühere Ministerpräsident von Sachsen, den deutschen Kohleausstieg, den nächsten übernimmt er den Vorstandsvorsitz der MIBRAG, des reizenden Braunkohlekonzerns, der gerne noch mehr Dörfer in Mitteldeutschland für die Kohle abgraben würde – und nach dem phänomenal industriefreundlichen Kohleausstieg auch das nötige Kleingeld dafür hat. Zufall? Annika Joeres und Susanne Götze haben mit Beispielen wie diesem ein ganzes Buch gefüllt und dem Ganzen den passenden Titel »Klimaschmutzlobby« gegeben. Die fossilen Konzernspitzen waren lange Hausgäste bei Regierungen in der ganzen westlichen Welt. Jetzt erleben wir eine zweifache Machtverschiebung: Zum einen werden immer mehr Dienstleistungskonzerne so groß und mächtig, wie es einst nur die großen Energie-Multis und deren Finanziers waren. Heute rücken sie immer mehr an den Rand und andere machen sich breit: Amazon, Apple, Alibaba, Facebook. Zum anderen wächst die Macht der global agierenden Megakonzerne immer öfter über die der Nationalstaaten hinaus. Wer kontrolliert die größten Konzerne der Welt, die sich immer besser vernetzen, verdrahten, vergrößern? Und, im Fall von Total, Chevron, Adani und all den anderen: Wer hat die Macht, diese Konzerne, die in einem dekarbonisierend anmutenden Zeitalter immer hektischer und effizienter wüten, davon abzuhalten, noch den letzten Fleck intakte Lebensgrundlage zu zerstören? Denkwürdig ist natürlich dabei das Urteil von einem niederländischen Gericht, dass Shell Ende Mai dazu verpflichtete, die eigenen Klimaziele zu erhöhen. Juristische Instanzen greifen aktuell vielfach dort ein, wo Politik versagt.

BERND Ich glaube, du hast recht, der politische Fokus liegt bisher nicht darauf, diese Konzerne daran zu hindern, Verträge zu schließen und Projekte durchzuziehen, die im Effekt die Klima-Beschlüsse demokratisch gewählter Regierungen konterkarieren. Vielleicht sind die vom Export von Öl und Gas abhängigen Regierungen auch deshalb noch so ruhig. Dabei müssten sie längst alle Kraft darein investieren, ihre Zukunft nach dem Öl zu sichern. Da sie das nicht, oder wie Saudi-Arabien, eher zum Schein tun, müssten wieder alle anderen sich darum sorgen und kümmern. Die ökologischen, politischen, ökonomischen Folgen der Klimakrise bringen schließlich enorme Sicherheitsprobleme

für uns im Westen mit sich, aber auch schon die Klimawende, die Reduktion von CO_2 tut das, weil viele Staaten
wie Russland, die Türkei oder Ägypten autokratische Systeme haben, die ohne ihre Selbstkorruption und Subven-
tion durch fossile Gewinne nicht überlebensfähig sind.
Und diejenigen, die an deren Spitze stehen wie Erdogan
und Putin, müssen ja nicht nur fürchten, abgewählt zu
werden, wenn die Krise schließlich da ist, sondern auch in
den Knast zu gehen, wenn sie nicht mehr an der Macht
sind. Die Sache hat also eine entschieden panische Note.
Wenn die Selbstkorruptionsgelder des fossilen Marktes
verschwinden, könnten wir eine massive Destabilisierung
dieser Staaten erleben.

Wir in Europa stellen uns zwar immer noch die Frage,
wie wir uns unter den großen Mächten USA, China und
Russland zurechtfinden. Das Problem ist aber nicht in erster Linie, dass uns etwa Russland bedroht. Das Problem ist,
wie wir dazu beitragen können, Russland, den Mittleren
Osten und die Türkei zu stabilisieren, wenn diese Staaten
durch unsere sehr vernünftigen Reduktionsziele instabil
werden. Wir müssen die Fragestellung komplett umdrehen, weniger: »Wie können wir uns wehren?«, als: »Wie
können wir helfen?« Russland ist schwach, Saudi-Arabien
ist schwach, Venezuela – gar nicht von zu reden.

LUISA   Stand April 2021 haben Regierungen nur 12 bis 14 Prozent an CO_2-Reduktion angekündigt, im Vergleich zu
2010 – nicht wie sonst im Vergleich zu 1990. 45 Prozent
weniger als 2010 bräuchte es bis 2030.

BERND   Das ist fürs Klima zu wenig, für Putin und Erdogan zu
viel.

LUISA   Genau. Wir spielen noch lange nicht in der Dimension, in der wir eigentlich spielen müssten.

Eines der wichtigsten Indizien, das deutlich macht, wie wir CO_2 verschieben, ist der Consumption-Index. Fast kein Land der Welt misst den eigenen CO_2-Ausstoß unter Einschluss des CO_2-Ausstoßes, den es durch Konsumgüter und andere Produkte importiert. Eigentlich müssten wir den CO_2-Abdruck, den unsere Produktion in China mit sich bringt, auf unsere Kappe nehmen, weil *wir* die Produkte ja letztendlich nutzen und verbrauchen.

BERND Das ließe sich ja anders regeln. Es würde reichen, wenn zum Beispiel die EU und China einen gemeinsamen Emissionshandel schaffen und sich über den Wert der Zertifikate einigen würden. Oder wenn sie sich auf ökologische Standards und CO_2-Abdrücke, die in Produkten sein dürfen, einigen würden. Dann würde sich der gesamte Weltmarkt ändern, weil diese beiden Volkswirtschaften alleine schon groß genug sind, um die anderen dazu zu zwingen, mitzumachen.

LUISA Die Organisation One Earth hat eine Studie in Auftrag gegeben, die berechnen sollte, wie die Welt eine 1,5-Grad-Grenze einhalten kann.[3] Es braucht dafür drei Dinge: Das Erste sind 100 Prozent Erneuerbare bis Mitte der 2030er-Jahre. Überall. Und zwar nicht nur beim Strom, sondern auch in der Energie. Wenn man von Erneuerbaren spricht, denkt man oft zuerst an die Stromversorgung. Die wurde in 2020 in Deutschland zu 46 Prozent von Erneuerbaren gedeckt. Was da aber fehlt: Wärme, Verkehr, Industrie. Der Anteil an Erneuerbaren am sogenannten Bruttoendenergieverbrauch lag 2019 in Deutschland bei gerade einmal 17 Prozent. Das würde eine Erneuerbaren-Revolution bedeuten, wie man sie noch nie erlebt hat. Dann könnte man natürlich ab sofort keine neuen fossilen Kraftwerke mehr bauen. Das Zweite ist, die Hälfte des Planeten unter

Schutz zu stellen: weniger Zerstörung, weniger Natur-
räume einnehmen, weniger Abholzung. In dem Augenblick, in dem wir anerkennen, dass das Artensterben für
uns genauso gefährlich ist wie die globale Erwärmung, hilft
uns der Fokus auf CO_2-Zertifikate nur noch bedingt weiter.
Als Drittes sagt die Studie, dass es eine Agrarrevolution
braucht, einen Wandel hin zu einer regenerativen Landwirtschaft, die wieder als CO_2-Senke, nicht als CO_2-Quelle
fungiert. Die Art, wie wir Agrarwirtschaft denken, muss
komplett umgestellt werden. Auch das weltweit. Man
muss sich dabei auf die tatsächlich nachhaltigste agrar-
wirtschaftliche Weise besinnen – oder von ihr lernen: das
Kleinbäuerliche, die Familienbetriebe. Das sind dann viel
weniger außenpolitische oder Energiefragen als kulturelle
Fragen, Traditionsfragen, Fragen über die Art und Weise,
wie wir uns gegenüber dem Planeten verhalten, und was
wir dem Planeten geben, damit er uns etwas zurückgeben
kann. Und da kommen wir vielleicht bei der grundsätzli-
chen Frage an: Wie verhalten wir uns auf der Welt? Nicht
nur miteinander als Mächte, sondern auch miteinander in
der Natur und gegenüber den Naturgewalten.

BERND Dazwischen liegt aber noch ein Schritt, mit dem man,
glaube ich, viel gewinnen kann. Wir lesen die politische
oder außenpolitische Situation immer noch nicht richtig,
weil wir im letzten Jahrhundert gelernt haben, dass das
Böse aus falschen Ideen und Ideologien und aus bösen
Menschen kommt. Deshalb registrieren wir bestimmte
Dinge – ökologisch verursachte Krisen in Afrika oder im
arabischen Raum zum Beispiel – erst, wenn sie die Form
von islamistischen Terrorgruppen annehmen, aber nicht
schon dann, wenn sie zum Beispiel als Dürre und Hun-
gersnot daherkommen. Deswegen glauben wir, die Welt

sei voller politischer Konflikte, voller Tribalismus und Fundamentalismus, die zunächst bekämpft werden müssen, bevor man sich um die Klimakrise kümmern kann. Die Hitze sehen wir erst, wenn sie uns als Dschihadist entgegenkommt, deswegen entgeht uns leicht der Zusammenhang.

LUISA Im ökologischen Kontext heißen zwei der mächtigsten Männer der Welt Narendra Modi und Jair Bolsonaro. Der eine will zusammen mit dem indischen Konzern Adani die Welt mit so viel Kohle aufheizen, dass man sie nicht wiedererkennen wird. Und dem anderen, auf dessen staatlichem Territorium sich eine der vermutlich bedeutsamsten CO_2-Senken der Welt, der Amazonas Regenwald, befindet, gibt man gerade alle möglichen Antriebe, die Regenwälder so hocheffizient zu zerstören, dass wir uns in absehbarer Zeit viele Fragen über ökologische Gleichgewichte und Kipppunkte stellen müssen. Oder auch nicht mehr stellen müssen. Schon jetzt gibt es Berichte, wonach der Amazonas in den letzten Jahren von einer Senke zur Emissionsquelle wurde. Die Implikationen sind so dramatisch, es fällt schwer, sie sich überhaupt nur auszumalen. Das sind beides keine Mächte, die sich in das geopolitische Spiel aus dem letzten Jahrhundert einreihen werden. Da muss man ein anderes Verständnis dafür entwickeln, wofür man sich mit wem zusammen tun muss.

An der Stelle möchte ich einen Punkt ergänzen: Es ist für mich schwierig, über Außen- oder auch Innenpolitik zu sprechen, ohne rassistische Komponenten mitzudenken. Warum wollen die Menschen, die im Mittelmeer ertrinken, zu uns? Unter anderem, weil unsere Emissionen ihre Lebensgrundlage kaputt gemacht haben. Und warum lassen wir sie ertrinken? Nicht nur, aber auch, weil sie nicht weiß sind. Imeh Ituen, eine Wissenschaftlerin und Klimagerechtigkeitsaktivistin aus Hamburg, bringt die Verknüpfung von kolonialen Kontinuitäten und Klimakrise sehr gut auf dem Punkt: »Diese Ausbeutung von Schwarzen und Indigenen Menschen sowie Menschen of Color, die Genozide an ihnen, das sind die Prozesse, die überhaupt erst dafür gesorgt haben, dass in Europa so viel Kapital angehäuft wurde. Das hat die Industrialisierung hier ermöglicht, den Kapitalismus – und damit auch die Klimakrise.«[4] Du sagst, man weiß noch immer nicht, was Politik ist, weil sie männlich und westlich überformt ist. Ich würde ergänzen: Wenn wir nicht bald herausfinden, wie tatsächlich klimagerechte Außen- und Innenpolitik aussehen kann, dann wird es eng. Mit einer Politik, die den Machtmustern folgt, die diese Probleme erst produziert haben, wird es sehr schwer sein, diese Probleme nachhaltig zu überwinden.

13. DIE RECHTE DER SPÄTEREN, DER ÄRMEREN UND DER ANDEREN – GRÜNE DEMOKRATIE UND ÖKOLOGISCHE MORAL

Ist Panik ein guter Partner? – Ist der Sachzwang ein gutes Argument? – Kann die Mehrheit der Älteren über die Zukunft der Jüngeren entscheiden? – Gibt es Demokratie ohne Ausbeutung? – Doppelmoral und Luisas Kopfhörer

LUISA Ich glaube, wir müssen einige grundsätzliche Fragen beantworten. Die erste ist: Was brauchen Demokratien, um gut und souverän zu funktionieren? Wenn man Politik hier mal als eine Kombination aus Krisenprävention und Krisenbewältigung versteht, wäre es die Aufgabe, Ersteres so engagiert und effektiv wie möglich zu betreiben, damit Letzteres nur im Notfall eintreten muss. Wer Politik nur für den Augenblick macht, wird irgendwann zum Gefangenen dieses Augenblicks. Deshalb brauchen wir in meiner Wahrnehmung Programmatik, Pläne und Mechanismen, die gewährleisten, dass wissenschaftliche Erkenntnisse, Warnungen und Szenarien Einzug halten in politische Entscheidungsprozesse, selbst wenn besagte Er-

kenntnisse den gewohnten politischen Narrativen widersprechen.

BERND Nicht erst bei Corona ist ja der Sachzwang zum zentralen Argument geworden, da genügten dann Zahlen und
Kurven. Da liegt übrigens ein interessanter Widerspruch,
weil man ja heute gerade den Sachzwängen folgen muss,
damit sich die Sachzwänge nicht so kumulieren, dass sie
sozusagen die politische Macht übernehmen.

LUISA Ah, ein Staatsstreich der Sachzwänge?

BERND Sozusagen.

LUISA Darf ich, nachdem die Jüngeren vom Bundesverfassungsgericht so in ihren Rechten bestärkt wurden, mal sagen, wie sich unsere schützenswerte Demokratie diesen
Jüngeren bislang präsentiert?

BERND Ich bitte darum.

LUISA Ich spreche seit über zwei Jahren täglich mit Menschen,
vor allem Aktivist:innen, die dieses Jahr zum ersten Mal
wählen gehen werden. Das sind junge Leute, die eigentlich
aufgeregt sein sollten über dieses neue Recht in ihrem Leben, die sich freuen können sollten, wählen zu gehen. Und
dann erfahren sie aus den Zeitungen, was da abgeht, an
Korruption und Lobbyismus. Und wenn schon alle halbe
Jahre ein großer Korruptionsskandal an die Oberfläche
kommt, fragt man sich natürlich, was den Rest des Jahres
so passiert. Sie müssen sich anhören, dass Klimaschutz die
parlamentarische Demokratie bloß nicht gefährden darf,
während sie zugucken, wie die Interessen von einzelnen
Industrien entgegen wissenschaftlicher Erkenntnisse oder
ökonomischer Rationalität um jeden Preis geschützt werden, sei es in der Kohlepolitik oder in der Autopolitik.
»Was bringt da meine Stimme noch?«, fragen sie sich, und
das macht so traurig.

BERND Betrifft der Vertrauensverlust in die Demokratie auch eure Bewegung?

LUISA Ich glaube bisher kaum, aber das kann sich schnell ändern. Was macht es mit Hunderttausenden jungen Menschen, die sich in den letzten Jahren durch die Klimakrise und den Kampf für ihre eigenen Zukunft politisiert haben, wenn sie zusehen müssen, wie immer und immer und immer wieder Politik zulasten ihrer künftigen Freiheiten gemacht wird? Es liegt ein enormer Druck auf den Bundestagswahlen zu beweisen, dass junge Menschen, von denen viele noch nicht einmal wählen können, nicht egal sind. Wir wissen nicht, wie eine Klimagerechtigkeits-Demokratie im 21. Jahrhundert aussehen kann. Wir werden Präzedenzfälle schaffen müssen.

BERND Das hört sich nach einem ziemlichen Radikalisierungspotenzial an, was ich verstehen, aber nicht unbedingt gut finden kann. Darum würde ich dieses Radikalisierungspotenzial gern etwas einhegen.

LUISA Lass dich nicht aufhalten.

BERND Wenn es um die Freiheit der Späteren geht, muss man eines zuvor klären: Gehen wir davon aus, dass die Klimapolitik dazu dient, die Vernichtung der Menschheit abzuwenden? Wenn das so wäre und es gewissermaßen um die Existenz und um alles ginge, dann rückte plötzlich auch die Freiheit auf Platz zwei der Prioritätenliste. Wenn wir also vom möglichen Ende der Menschheit ausgehen, dann liegt aus meiner Sicht ein viel zu großer legitimatorischer Hebel im Raum, denn gemessen an der Vernichtung der Menschheit ist alles andere nichts. Die erste Frage wäre also: Ist das die reale Gefahr? Und da würde ich sagen: nicht in absehbarer Zeit. Das steht nicht auf dem Spiel. Jedenfalls können wir das nicht gewiss genug sagen, als dass wir daraus massive politische Konsequenzen ableiten könnten. Aber wenn wir so weitermachen, kann es natürlich unweigerlich zu Kipppunkten kommen.

LUISA Ich würde sagen, es wird mittelfristig zu Kipppunkten kommen. Natürlich ist das nicht auf die Minute hin zu berechnen, wir sprechen auch von Prozessen. Aber es ist etwas, auf das wir als Menschheit faktisch zusteuern.

BERND Ich finde, man muss da unterscheiden zwischen mittelfristigen Gefahren und langfristiger potenzieller Vernichtung. Und ich wäre sehr vorsichtig, Handlungen im Vorgriff auf Jahrhunderte zu legitimieren.

LUISA Einverstanden.

BERND Ich möchte hier aber noch etwas zum Thema Demokratie beziehungsweise westliches Demokratieverständnis ergänzen: Wir wissen nicht, ob die Ausbeutung der Natur und die Ausbeutung anderer Menschen genuin zur westlichen Demokratie gehören oder nur zufällig gleichzeitig passiert sind. Es gab in der Geschichte keine Phase und kein Land, das ohne fossile Ausbeutung und die gleichzeitige Ausbeutung anderer ausgekommen wäre. So gesehen ist nicht der Totalitarismus wie im letzten Jahrhundert allein der Kardinal-Gegner der Demokratie, sondern ihr eigener innerster Widerspruch, also die Tatsache, dass die Demokratie bisher zu eng mit diesen Ausbeutungsformen verbunden war und noch keinen Weg zu sich selbst findet ohne diese Krücken. Das ist das große geschichtliche Experiment, in dem wir uns befinden. Und da macht es mir wirklich Sorge, dass diejenigen, die vordergründig dauernd den Liberalismus, die Freiheit und die Demokratie gegen die Klimapolitik im Munde führen, in Wirklichkeit den Zusammenhang zwischen zuträglichen Lebensgrundlagen und Freiheit leugnen. Demokratie braucht Demokrat:innen, aber auch sozusagen liberable materielle Bedingungen, solche, die nicht unablässig Notstände und alternativlose oder gar ausweglose Situationen erzeugen, wie du es vorhin beschrieben hast.

LUISA Aber es wird ja gern den Ökolog:innen vorgeworfen, sie würden die Freiheit beschneiden wollen.

BERND Ja. Die, ich nenne sie mal »Coalition of the Unwilling«, die sich auf Liberalismus und Demokratie beruft, verstopft ihren Freiheitsbegriff mit Materie, es geht in Wahrheit um Konsumfreiheit, nicht um Abwehrrechte gegen den Staat, sondern um Anspruchsrechte gegen die ökologisch Schwächeren und Späteren. Diese Brumm-Brumm-Liberalen sagen im Grunde, Bewegungsfreiheit als solche interessiert uns nicht, meine Freiheit fängt bei 220 Stundenkilometern auf der Autobahn erst richtig an. Uns interessiert Reisefreiheit vorzugsweise per Flugzeug, am liebsten wenn der Flug nach Mallorca oder Barcelona nur 30 Euro kostet. Uns interessiert nicht, dass Menschen die Freiheit haben, sich zu ernähren, wie sie wollen, sondern es interessiert uns, dass sie sich so billig wie möglich ernähren können, egal, welche Auswirkungen das hat. Das ist eine Sklerotisierung des Freiheitsbegriffs, der von seinen materiellen Folgen und Voraussetzungen nichts wissen will, aber keine Sekunde ohne Materie auskommt. Es geht um die Freiheit, anderen die Folgen des eigenen Lebens aufzuzwingen. Ich will billig Fleisch essen, deswegen müssen anderswo die Urwälder gerodet werden. Ich will mit zwei Tonnen Stahl und 200 Stundenkilometern durch die Gegend rasen, deswegen müssen anderen Windräder in die Gärten gestellt werden. Das ist tatsächlich ein Tiefpunkt demokratischen Denkens.

LUISA Du willst eine Befreiung der Freiheit?

BERND Ja, genau. Denn dieser alte, verengte Freiheitsbegriff ist natürlich wenig hilfreich für die Frage, ob Demokratie auch ohne die Ausbeutung von Menschen und Natur auskommen kann. Ganz im Gegenteil. Da wird eine bestimmte, historisch zufällige Art, mobil zu sein und zu konsumieren, mit den ewigen Werten von Demokratie und Freiheit verkettet.

LUISA Und zwangsläufig werden dann Menschen wie ich zu Antidemokraten und Verfechtern alles Unfreien und aller Zwänge, weil wir sagen: Nein, die automobile Freiheit in der Stadt bedeutet Unfreiheit für die Kinder, die Eltern, die Radfahrer, die Kranken und die Langsamen, sorry, das geht so nicht auf. Ich würde ergänzen, dass dies nicht nur ein sehr konsumierender Freiheitsbegriff ist, sondern auch ein unglaublich gegenwartssüchtiger Begriff, der nur auf das Hier reduziert ist, auf einen privilegierten Asphalt.

BERND Aus der Pandemie hat sich da etwas sehr Lehrreiches für die Demokratie und die Ökologie ergeben: Wenn uns die Folgen unseres Handelns als Naturkatastrophe wieder begegnen, dann müssen Grundrechte zwangsläufig ausgehebelt werden. Für eine klimagerechte Welt müssten im Gegensatz dazu keine Grundrechte eingeschränkt werden, sondern nur vermeintliche Gewohnheitsrechte.

LUISA Die absurde Verschiebung ist doch, dass man angefangen hat, fossile Gewohnheiten, die faktisch Luxushandlungen waren, als Recht, als Selbstverständlichkeiten zu framen. Aus einem 99-Cent-Schnitzel, das eine Gewohnheit geworden ist, wird ein Recht gemacht. Und dann geht es plötzlich nicht mehr um die Versammlungs- oder Pressefreiheit, sondern es geht um eine scheinbare Selbstverständlichkeit, die eigentlich eine globale Rücksichtslosigkeit ist. Eine ökologische Debatte *muss* sich auch um

Reduktion und um Verbote drehen können. Natürlich nicht willkürlich, das ist ja kein Fetisch von Ökos, sondern als logisches Resultat von Jahrzehnten der Produktion und Subventionspolitik, getränkt in Emission, Umweltzerstörung und Degradation, die eine große illusorische Konsumwelt geschaffen hat.

Wir müssten viel häufiger über die Kosten und die Zwangsveränderungen sprechen, die wirtschaftliche Aktivitäten auslösen, die Klimaschutzmaßnahmen überhaupt erst nötig machen. Klimaschutz ist nicht teuer. Das billige Fleisch ist teuer. Autofahren ist teuer. Was in dieser Debatte außerdem nicht stattfindet, ist die reale Belastung derer, die durch die Klimakrise betroffen sind. Das fängt ganz plakativ damit an, wer es sich leisten kann, von lauten, dreckigen Straßen wegzuziehen, um saubere Luft einzuatmen. Wer kann sich die notwendige Gesundheitsversorgung leisten? Sehr viel von der realen Klimabelastung wird heute schon an Menschen ausgelagert, die weniger privilegiert sind. Darüber spricht man zu wenig.

Was vielfach in der Klimadebatte gemacht wird, ist, ausgerechnet diese Menschen auch noch als Ausrede zu nutzen, um weniger Klimaschutz zu machen. Das ist Klassismus. Und zwar ein unglaublich erfolgreiches Modell, denn auf einmal ist Christian Lindner derjenige, der den einfachen Mann verteidigt, der doch bitte mit seiner Familie noch nach Mallorca fliegen können muss. Ja klar, wahrscheinlich wohnt er auch in der Einflugschneise des Frankfurter Flughafens, da hat er es ja nicht weit. Aber wenn die Klimakrise schon zu sozialen Ungerechtigkeiten führt, dann darf es der Klimaschutz nicht auch noch. Wie also können wir das verhindern?

BERND Höhere Löhne? Weniger Sozialabgaben? Einen ökologischen Gutschein für die Einkommensschwachen? Das sind aber nicht die Dinge, über die Kritiker:innen eines höheren Benzinpreises oder unsubventionierter Flugkosten reden, sie wollen nicht den Klimaschutz sozial gestalten, sondern das Soziale gegen den Klimaschutz in Stellung bringen. Wenn FDP oder CDU sagen: »Wir dürfen das Fleisch und das Autofahren nicht so teuer machen, weil die Ärmsten auf ein Auto angewiesen sind. Und wollen wir ihnen wirklich auch noch ihre Bratwurst nehmen?«, frage ich mich immer, wie lange man auf diesem toten Pferd noch reiten will. Wenn Union und FDP aber sagen würden: »Wir müssen den Mindestlohn erhöhen, damit sich die Ärmsten die Bratwurst noch leisten können«, dann würde ich antworten: »Respekt, die haben da wirklich was verstanden, guten Appetit.« Sogar wenn man vorschlagen würde, dass es billiges Fleisch aus Massentierhaltung nur noch für die Einkommensschwachen gibt, fände ich das durchaus diskussionswürdig. In Wirklichkeit stammen aber 98 Prozent des Fleisches, das in Deutschland hergestellt wird, aus Massentierhaltung, mit oft kranken, gestressten Tieren und gestressten Schlachtern. Im Namen der Armen essen dann die Reichen das viel zu billige Fleisch.

LUISA Man argumentiert an der Stelle oft so, dass alle Menschen im Prekariat zwangsläufig gegen Umweltschutz sind. Das stimmt aber nicht. Möglicherweise interessiert sie nur das Ende des Monats mehr als das Ende des Jahrzehnts. Ist ja auch logisch, denn es ergibt sich aus ihrer Lebensrealität. Entsprechend wäre es Aufgabe der Politik, diesbezüglich für das nächste Jahrzehnt Sorge zu tragen – und im besten Fall auch die Sorgen zu lindern, die sich am Ende des Monats anstauen.

BERND Viele von uns Klimabewussten sind ja tatsächlich ein

bisschen verwöhnt und ab und zu verlogen. Der Witz ist nur: Der Charakter der Klimaschützer:innen ändert nichts am Charakter der Klimakrise, selbst wenn alle Fridays SUVs fahren würde, wären ihre Forderungen dadurch keinen Deut falscher. Ich habe diese Moralisierung der Ökologie so satt.

LUISA Haha, nun ja, ich habe letztens wegen meiner etwas zu teuren Kopfhörer einen Shitstorm ausgelöst. Da wirft man mir dann Doppelmoral vor und tut so, als ob konsequent Öko-Sau zu sein moralisch besser wäre.

BERND Es stimmt schon, der ständige demagogische Versuch, materielle Klimaprobleme in Charakterfragen oder Ideologie-Fragen zu überführen, hat etwas Demokratiefeindliches an sich, weil es dann viel zu häufig nur um die Sprechenden geht und nicht mehr um das Gesprochene. Trotzdem darf man hier die tote Kröte unter dem Bett der Grünen-Wähler:innen nicht unerwähnt lassen. Die Globalisierungsphase, in der wir uns immer noch befinden, hat dazu geführt, dass diejenigen, die prekäre Dienstleistungen machen oder Hand an Dinge legen müssen, die Putzfrauen und Paketmänner, schlechter verdienen als diejenigen, die gebildet sind und gern die Grünen wählen. Das ist schon mal sozial ziemlich ungerecht. Da kommt dann aber die ökologische Ungerechtigkeit obendrauf. Denn die akademischen Schichten haben zwar ein größeres Umweltbewusstsein und bilden sich darauf auch was ein, sie haben zugleich aber auch einen größeren CO_2-Abdruck. Man muss es leider sagen: je mehr Geld, desto mehr CO_2, und nicht: je umweltbewusster, desto umweltschonender.

Diese Kombination kann einem Paketboten unter Umständen provozierend vorkommen. Wobei man das Argument ja meistens von Angehörigen der akademischen Mittelschicht hört. Aber es hat ja keinen Sinn, wenn man sagt: »Die Grünen-Wähler:innen sind aber auch Heuchler.« Wir müssen trotzdem Maßnahmen ergreifen. Also muss man die Sache umdrehen und sich fragen, wie man diejenigen, die die soziale Privilegierung und das moralische Eingebildet-Sein der meisten Akademiker:innen als Provokation empfinden, jetzt in die Lage versetzen kann, dass auch sie im Bioladen einkaufen können oder dass alle Läden bio sind.

LUISA Ich muss an der Stelle noch etwas zum CO_2-Fußabdruck sagen, mit dem ich ein großes Problem habe. Einer der ersten prominenten Fußabdruck-Messer wurde vom britischen Mineralölunternehmen BP entwickelt: So wurden die Menschen ermutigt, ihren CO_2-Fußabdruck auszurichten als bewusst unproduktive Individualisierung der Klimafrage, weil man dann nicht auf den Fußabdruck von BP schaut. Was daraus entstanden ist, ist einer der Höhepunkte der destruktiven, manipulierten und höchst erfolgreichen Verlangsamung und Zerstreuung der Klimadebatte: die Reduktion einer strukturellen, systemischen politischen Frage auf den Einzelnen. Und wenn wir feststellen, dass Reiche einen höheren CO_2-Fußabdruck als Arme haben und in Deutschland der durchschnittliche CO_2-Fußabdruck sowieso viel zu hoch ist, muss die erste Frage an das Kanzleramt lauten: »Was macht ihr, um Wohlstand und CO_2-Emission zu entkoppeln?« Wie kann es sein, dass Menschen in dem Augenblick, in dem sie mehr Geld bekommen, auch CO_2-intensiver werden? Und selbst wenn alle Deutschen die Luft anhalten und im dunklen Kämmerlein liegen würden, wäre unser CO_2-Fußabdruck immer noch viel zu hoch, um tragfähig zu sein, weil die

Infrastruktur um uns herum ballert: Weil die Kraftwerke heizen, weil die Nord-Stream-2-Pipeline gebaut wird, weil Autobahnen gebaut werden, weil der Boden versiegelt wird, weil die Agrarwirtschaft so extrem intensiv ist.

Und trotzdem bitten wir den Einzelnen, seinen CO_2-Fußabdruck zu berechnen, wohl wissend, dass die Verhaltensänderung dadurch langfristig gleich null, die politische Relevanz für mögliche Verhaltensänderung inexistent und das alles im Zweifel nur eine weitere Ablenkung ist. Gleichzeitig sehen wir, wie dieses System verhindert, dass wir an den Strukturen etwas ändern.

BERND   Wie meinst du das?

LUISA   Mit jedem Weg, den ich auf dem Fahrrad fahre, leiste ich eine Art Widerstand gegen ein System, das mir erzählt, es wäre schneller, wenn ich Auto fahre, weil die Infrastruktur so gebaut ist. Unsere Ernährungssysteme, Preissysteme und eben auch die Straßenverkehrskonzepte wollen dir allesamt sagen, dass es schneller, günstiger und bequemer für dich ist, die emissionsintensivere Variante zu wählen. Man kann sich natürlich in diesen andauernden Widerstand begeben und im besten Fall gibt es dir auch etwas und empowert dich. Aber vor allem raubt es auch Energie. Das ist doch absurd.

BERND   Hast du selbst eigentlich ein Gewissensproblem, wenn du fliegst oder mit einem Benziner fährst?

LUISA   Ich bin seit zweieinhalb Jahren nicht mehr geflogen. Der Grund dafür ist eine Mischung aus schlechtem Klima-Gewissen und der Zeit, die ich aufbringen müsste, um mich mit dem Shitstorm zu beschäftigen, der dieser Reise folgen würde. Ich habe kein Problem damit, in einem Benziner zu sitzen. Und daher hätte ich auch kein Problem damit, mal ein Flugzeug zu nehmen, wenn es wichtig ist. Was mich stört, sind der andauernde Autobahnausbau, die Subventionen für Automobilhersteller und der Flughafen-Expansionswahn, die dafür sorgen, dass Bahnfahren als ökologisch günstigere, oftmals schnellere und, wenn man es gut gestaltet, bequemere Variante immer mehr zum Akt des Widerstands wird.

BERND Ich brauche für mich selber gute Gründe zum Fliegen und triftige Gründe, um in der Stadt mit dem Benziner Auto zu fahren. Es wird oft so getan, als müssten Leute wie du, die sich der Realität der Klimaentwicklung stellen, in ihrem Leben immer konsequent sein. Das ist schon fast zu einer moralischen Kategorie geworden, obwohl es falsch ist. Beim Klima kommt es auf die Summe der Dinge an, die man tut, auf die Summe der Emissionen etwa, und nicht auf die moralische Konsistenz eines Lebensstils. Ist eine rauchende Veganerin unglaubwürdig? Kann sein, aber sie verursacht weniger CO_2 als ein nicht-rauchender Fleisch-Fanatiker. Es geht also nicht um Konsequenz, sondern um Effizienz.

LUISA Ich würde mich komplett von dieser CO_2-Individualität loslösen. Wir können in der Welt, in der wir leben, nicht so CO_2-arm leben, wie wir das machen müssten. Dafür müssten sich die Strukturen ändern. Der Mensch, der asketisch auf dem Land lebt und keine Tiere isst und nicht fliegt und dann aber zum Beispiel nicht wählen geht oder die AFD wählt, tut uns unterm Strich auch keinen Gefallen. Ökologische Kohärenz erleichtert das Leben bestimmt, weil es schwierig ist, mit viel Wissen über ökologische Zerstörung einfach so weiterzuleben. Deswegen hilft es oder kann es befreiend und hilfreich sein, vegan zu leben oder zu sagen: »Ich möchte für einen gewissen Zeitraum nicht fliegen, Fahrrad fahren statt Auto fahren.« Das kann aber nicht der Ausgangspunkt einer ökologischen Debatte sein, weil das eine systemische Frage ist.

BERND Fällt dir der Verzicht schwer?

LUISA Ich finde es nervig, wenn ich beispielsweise meine Schwester in London mit der Bahn besuche, wohl wissend, dass es eine Odyssee von mehr als 14 Stunden sein wird und ich mit dem Flieger innerhalb von eineinhalb Stunden dort sein könnte. Im Idealfall wird es irgendwann einen vernünftigen und bezahlbaren Nachtzug mit stabiler Internetverbindung geben. Im Moment muss ich 300 Euro bezahlen, um bis zu 14 Stunden Bahn zu fahren, versus 30 Euro im Flieger.

BERND Die Frage ist ja, woher diese Moralisierung und Individualisierung kommt. In den letzten 16 Jahren haben wir erlebt, dass die Probleme viel schneller und größer geworden sind als die Politik, die sich mit ihnen beschäftigt. Das führt nicht zu umfassenden gesellschaftlichen Lösungen, sondern im Gegenteil zu einer Individualisierung, Moralisierung und Ästhetisierung des ökologischen Verhaltens. Solche Widersprüche können bei den Menschen zu hysterischen Reaktionen führen. Wenn sie sehen, dass die Probleme in der Ökologie größer werden, führen sie ökologische Ersatzhandlungen aus: Die Korallenriffe sterben und ich verzichte auf Plastikhalme. Sie oder wir versuchen, individuell zu heilen, was die Politik nicht hinkriegt, sie betreiben so eine Art ökologischen Kleinst-Heroismus. Wenn man beispielsweise den 300-Euro-Zug nimmt statt des 30-Euro-Fliegers, fühlt man sich wie eine Mischung aus Märtyrer und Moralapostel. Schön und gut, aber eine Gesellschaft von Märtyrern will man sich doch im Ernst nicht vorstellen. Also, die ausbleibende ökologische Politik führt zur Überpolitisierung des eigenen Lebensstils.

LUISA   Meine Rede.

BERND   Ja, aber was passiert, wenn die Politik nun doch irgendwann anfängt, die ökologischen Probleme ernstlich anzugehen, was fordert das dann von den Individuen? Ich glaube ja, dass die Klimawende selbst bei einer grünen Alleinregierung nicht funktionieren kann, wenn die Bürger:innen diese Politik nicht aktiv mitmachen und irgendwann sogar überholen. Bei den mittlerweile nötig gewordenen doch sehr steilen CO_2-Senkungskurven stellt sich die Frage, wie man das politisch noch bewerkstelligen kann. Das geht wirklich nur, wenn die Menschen die Politik in ihrem Verhalten und ihrem Gefühl zur Welt überholen. Wenn die Politik dem Einzelnen alles nur abverlangen muss, werden wir bis 2040 niemals CO_2-frei sein. Aber das wäre dann ein großer Unterschied zu heute: Das individuelle Verhalten ersetzt nicht Politik, es unterstützt und überformt sie.

LUISA   Da bin ich bei dir. Akzeptiert. Man könnte die individuelle Ökologisierung ja auch als ein Vorauseilen in die Zukunft und als eine Sache verstehen, die man zu 95 Prozent für sich selbst macht und nur zu fünf Prozent für die Welt.

BERND   Es ist ja eine Art Teufelskreis: Bei euren Begegnungen mit den Politiker:innen sagen die: »Schön, dass ihr Druck macht, leider macht ihr noch nicht genug.« Dann kommst du und sagst: »Die Medien müssen noch mehr machen.« Dann sagen wir: »Wir können aber nicht viel mehr machen, als die Menschen an Informationen über diese Themen aufnehmen wollen, bevor sie deprimiert werden.« Ich glaube, es ist ganz anders als man gemeinhin denkt: Nicht wenn die Leute genug wissen, verändert sich was, sondern wenn sich etwas verändert, sind die Leute auch bereit, mehr zu wissen. Wenn also in der Politik mehr getan würde, wären die Menschen auch bereit, mehr Informationen aufzunehmen. Dann würde die ganze Sache ins Rollen kommen und eine Eigendynamik entwickeln.

LUISA Natürlich braucht es auch persönlichen Verzicht auf einige Gewohnheiten. Das wird sich für manche leicht und für andere weniger leicht anfühlen. Im Zweifel aber wird das von einer großartigen Befreiung abgelöst und von der Feststellung, dass wir schon heute auf sehr viel verzichten, auf das wir zukünftig nicht mehr verzichten müssen. Auf die Sicherheit zum Beispiel: zu wissen, dass meine Kinder auf einem gesunden Planeten alt werden können und dass sie ganz banal eine Radfahrt auf der Leipziger Straße in Berlin unbeschadet überstehen.

BERND Ich beobachte in Klimadiskussionen, dass von bestimmten Leuten – meistens von Männern meiner Generation und meiner Hautfarbe – oft drei ablenkende Argumente ins Feld geführt werden: große technologische Lösungen zu schaffen, wie zum Beispiel CO_2 aus der Atmosphäre zu filtern, das Bevölkerungswachstum zu stoppen und die Atomkraft wiederzubeleben.

LUISA Das sagen die nur, um ihre eigene Lebensrealität nicht ändern zu müssen.

BERND Glaubst du, wir kommen nur weiter, wenn wir die Atomkraft wiederbeleben?

LUISA Nein. Ich kenne global gesehen keine seriöse Meta-Studie, die für eine Expansion von Atomenergie argumentiert. Hingegen ist aber bewiesen, dass es durch erneuerbare Technologien und Speicherkapazitäten sehr gut möglich ist, den Energiebedarf zu decken.

BERND Und was würdest du diesen Menschen antworten, die sagen, es wäre viel effektiver, die Bevölkerungszahl zu reduzieren, um dem Klimawandel entgegenzuarbeiten?

LUISA   Menschen werden ja nicht als Emissionsmonster geboren, sondern als Wesen, die, wenn sie wollen und ihr Umfeld es zulässt, auch mit wenig Emission zurechtkommen.
Das Problem ist die Art und Weise, wie bestimmte Menschen und bestimmte Gesellschaften leben. Wir könnten
auch mit zehn Milliarden Menschen auf diesem Planeten
leben. Nebenbei schwingt in dieser Forderung auch viel
Rassismus mit, denn auf einmal soll die Frau in Afrika, die
keinen Zugang zu Bildung und Verhütungsmitteln hat, die
sechs Kinder bekommt, weil das ihr Altersvorsorgemodell
ist, und die vielleicht einen 0,3-Tonnen-CO_2-Fußabdruck
pro Jahr hat, Schuld an der Klimakrise sein. Das, während
RWE pro Jahr 32 Millionen Tonnen CO_2 ausstößt. Da geht
was nicht auf.

BERND   Dann sind nicht die Menschen, die 10, 100 oder
1000 Mal so viel verbrauchen und emittieren wie andere
das Problem, sondern die Afrikaner:innen. Das ist ein zyni-
sches Argument. Und dann evoziert dieses Argument ja
auch Fantasien darüber, wie man die Weltbevölkerung innerhalb der nächsten 20, 30 Jahre drastisch reduzieren will.
Daran möchte ich gar nicht erst anknüpfen.
Wir haben weltweit etwa 70 Milliarden Nutztiere, die wir
anscheinend problemlos ernähren können, aber acht Milliarden Menschen sollen zu viel sein? Das ist doch eine
völlig absurde Vorstellung. Jede Kalorie, die durch ein Tier
hindurchgeht, bevor wir sie zu uns nehmen, braucht bis
zu achtmal so viele Ressourcen, als wenn wir sie direkt als
Pflanze in den Mund führen. Davon kann man eine Menge
Weltbevölkerung ernähren.

LUISA   Es ist natürlich tragisch, dass wir es geschafft haben,
dieses fossile Industriemodell mit all den Neben- und Fol-
gekosten und Folge-Katastrophen so erfolgreich zu ver-

markten, dass es für viele tatsächlich ein Sehnsuchtsmodell geworden ist. In der Hinsicht wäre die Frage, die Raum schafft, wie man schnell genug alternative Sehnsuchtsmodelle etabliert. Und vielleicht wird es keine Gesellschaft des globalen Nordens sein, die das vorlebt, sondern eine kleine Gemeinschaft in Costa Rica, die auf einmal allen zeigt, wie einfach wir es uns hätten machen können. Wo sind die Vorbilder? Coldplay fliegt nicht mehr zu ihren Konzerten, daran denke ich manchmal. Das macht in Sachen Emissionen natürlich keinen merklichen Unterschied, aber dahinter steht eine politische Haltung, eine Konsequenz, eine Krise wie eine Krise zu behandeln. Dann gibt es Bündnisse wie La Via Campesina, das 1993 angefangen hat, sich landwirtschaftlich genossenschaftlich zu organisieren. Die Community geht solidarisch mit dem um, was man zum Leben hat und was man zum Leben braucht, und teilt es entsprechend auf, sodass am Ende niemand zurückbleibt. Die Preise der Produkte dort spiegeln das wider, was an Arbeit drinsteckt und sind gleichzeitig bezahlbar für alle. Interessant ist, dass die Community teilweise als etwas Widerständlerisches angesehen wird. Das spricht natürlich Bände über die Gesellschaft, die dem gegenübersteht. Ich glaube aber, dass das, was wir brauchen, gar nicht nur in Ausnahmeprojekten von utopischen Communities passiert, sondern auch bei uns.

BERND Wie meinst du das?

LUISA Auch Corona hat gezeigt, dass eines der stärksten Instrumente, die wir in Krisen haben, Gemeinschaften sind. Man weiß, dass es denjenigen in der Pandemie besser ging, die ein gutes soziales Netzwerk hatten. Man weiß, dass es den Betrieben besser ging, in denen man ein kollegiales Miteinander gepflegt hat. Sprich: An Orten, an denen Gemeinschaft stark gelebt wird, an denen zugehört wird, wächst auch Resilienz, die in Krisen schützen kann. Nicht vor Ansteckung aber vor Vereinsamung, Ängsten, Sorgen. Da wird schon im Kleinen viel Utopie gelebt.

BERND Ich denke, dass man von diesen Beispielen sehr viele findet. Generell bedeutet ja die Entstofflichung unseres Lebens eine Vermenschlichung, was den meisten sicher gefallen wird, jedenfalls wenn man Menschen mag, was nicht jeder tut, und das ist natürlich auch okay. Auf Dauer kommen wir aber nur zu einem schonungsvollen Umgang mit der Natur, wenn wir auch einen schonungsvolleren Umgang mit uns selber entwickeln. Das ist schon im Gange. Wenn man beispielsweise betrachtet, wie Kinder heute behandelt werden oder sich die Political Correctness anschaut. Ich will die negativen Aspekte der Political Correctness gar nicht leugnen, aber im Kern ist es doch eine Sprache der gegenseitigen Rücksichtnahme, es geht darum, dass man die möglichen Verletzungen im Blick hat. Auch die hierarchisch auftretenden Machos in Unternehmen werden weniger, Gewalt gegen Tiere, Fleischkonsum gerät immer stärker unter Begründungszwang. Das sind alles Wege zu einer schonungsvolleren Gesellschaft.

LUISA Das finde ich jetzt sehr einseitig, denn die Gefahren, denen Frauen ausgesetzt sind, steigen in jeder Gesellschaft: der häusliche Missbrauch in der Corona-Pandemie, Kinder, Frauen, die geschlagen wurden. Eine Verbesserung ist da mitnichten in vollem Gange. Global betrachtet schon gar nicht. Natürlich gibt es privilegierte Kinder, die in wohlbehüteten Kitas sehr gut aufgehoben sind, aber die Ungleichheiten nehmen zu. Der Komplex Ungerechtigkeit, der ganz viel von Ausbeutung lebt, ist nicht gerade in einer positive Wende.

Bei deiner These von gerade bin ich aber bei dir. Wir werden nicht aufhören, die Natur auszubeuten, wenn wir nicht aufhören, uns selbst auszubeuten. Ich würde das aber nicht so verstehen, dass es reicht, sich an Self-Care zu orientieren, den Yoga-Flow am Morgen zu machen, um sich darüber hinwegzutäuschen, dass wir uns nach wie vor in ausbeuterischen Produktivitätszwängen befinden. Es lässt sich eben meist nicht sagen, ob jemand schonender leben will, oder ob er nur sich selber schont, um dann entspannt und drahtig umso besser seinen privilegierten Platz in der Gesellschaft behaupten zu können.

BERND Es gibt natürlich immer noch die Ausbeutung des Prekariats. Es gibt auch das Phänomen der Mittelschicht, die ein hohes Einkommen hat, trotzdem Dienstleister:innen ausbeutet und dann in der Zweitwohnung auf Mallorca eine Yoga-Matte kauft, die aus recyceltem Plastikmüll aus dem Meer besteht. Diese Verlogenheiten gibt es. Aber die wird man immer finden. So ist der Mensch, jedenfalls ich.

14. HUNGER NACH SINN – WARUM WIR DIE ERDE ZERSTÖREN UND WIE WIR DAMIT AUFHÖREN KÖNNEN

Bergmann, Autofahrer, Grillmeister – Der Mann und das Klima – Der Mensch als widerspenstiges Wesen – Materielle Belohnung für was eigentlich? – Es gibt ein richtiges Leben im falschen, aber kein CO_2-freies in der fossilen Gesellschaft

BERND Man kann den Beginn der Klimakrise auf den Beginn des neuzeitlichen sogenannten Sklavenhandels zurückdatieren. Die Überhöhung der Weißen über die Schwarzen haben die ersten Industrialisierungsschübe erst möglich gemacht. Die Abgrenzung zwischen Mensch und Natur war genau genommen die Abgrenzung des weißen Mannes von allem und allen anderen, jenen, die in seinem Verständnis mit der Natur verschmolzen. Man fuhr nach Nordamerika und »entdeckte« die Pflanzen, die Tiere und die »Wilden«. Die Indigenen waren in den Augen der Europäer einfach Teil der Wildnis.

LUISA Aus dieser Logik heraus ist die Klimakrise keinesfalls nur ein Problem von CO_2 oder ein Problem, das sich auf den Kapitalismus reduzieren lässt, sondern fängt bei den großen Fragen an: vom Menschen auf der Welt, in der Welt, als Teil der Welt. Hat die Menschheit das Vermögen, im Einklang mit der Erde zu leben? Wenn man sich der eigentlichen Tiefe der Klimafrage bewusst wird, wirkt natürlich vieles, was jetzt diskutiert wird, also das Fliegen, das Schnitzel, recht oberflächlich. Und wenn man ankündigt, man müsse Systemfragen stellen, zucken die Neoliberalen sofort zusammen, weil sie denken, man möchte ihnen den Kapitalismus wegnehmen. Das ist im Kontext dieser grundlegenden Fragen rund um Mensch und Natur natürlich niedlich, weil man denkt: »Nein Leute, es geht hier nicht um Kapitalismus, es geht viel, viel tiefer. Wer sind wir? Warum sind wir?«

BERND In dem Zusammenhang ist die ökologische Krise schon sehr wesentlich, weil sie Sinnfragen massiv zuspitzt. Denn die Frage nach dem Wozu des Lebens wird ja in unserer Kultur außerhalb des Religiösen so beantwortet, dass es den Kindern einmal besser gehen soll, dass wir alle einen Beitrag dazu leisten wollen, dass die Menschheit sich besser entwickelt – the best is yet to come – dass wir zwar selber sterben müssen, aber in einer diesseitigen Heilsgeschichte aufgehoben sind. Das alles wird nun also durch die ökologische Krise infrage gestellt, wenn nicht widerlegt. Kurz gesagt: Die Klimakrise ist eine Sinnkrise. Das Beste war dann vielleicht schon gewesen – für einige von uns – ohne dass wir es so recht gemerkt haben.

LUISA Es wäre einfach, euch Älteren Vorwürfe zu machen, wütend zu sein, und es dann selbst, idealerweise besser, zu machen. Das funktioniert nur nicht: Ihr werdet den nötigen Wandel mitgestalten müssen. Dialektisch ist das für uns natürlich aufwendig, wir können euch mit der harten Wahrheit über die Krise zwar erschrecken, aber bloß nicht abschrecken, wir wollen Konfrontation aber keine Resignation, wir wollen ein Umdenken aber auch ein Weiterdenken – wir hauen praktisch auf denselben Tisch, an dem dann auch sehr schnell wieder gearbeitet werden muss. In nächster Instanz eröffnet sich eine ernste Schuld- bzw. Sinnfrage, die du schon angesprochen hast. Man wird nicht weitermachen können wie bisher, nur mit weniger Emissionen. Die ökologische Zerstörung ist struktureller Bestandteil unserer wirtschaftlichen und politischen Ordnung. Und sie ist nur möglich, weil so viele Stimmen nicht einbezogen bzw. direkt unterdrückt werden. Man weiß, dass Frauen mehr von der Klimakrise betroffen sind als Männer, strukturell sitzen sie aber viel seltener am Verhandlungstisch. Das Gleiche gilt praktisch für jede Minderheit, für die jungen Menschen, für BIPoCs, indigene Völker, Bewohner von den sogenannten Klimahotspots. Damit molekulare Besserung eintreten kann, muss sich machtpolitisch einiges verschieben. Das heißt für die Hauptverursacher-Generationen aus dem globalen Norden: Ja, ihr habt da einiges richtig verbockt. Entscheidend ist für mein Befinden aber nicht, dass man das anerkennt, sondern dass man daraus lernt und zweifach weniger macht: Weniger ökologische Zerstörung, und weniger Raum einnehmen – also für diejenigen, die bisher überhört wurden, Platz machen.

BERND Okay. Aber wir Älteren sind nicht nur eure Hypothek, wir sind auch eure Geschichte, wir geben euch nicht nur schwer lösbare Aufgaben, sondern biografische Tiefe. Alle Geschichte ist eben auch Schuldgeschichte, eure wird es auch sein. Aber im Großen und Ganzen hast du recht: Weniger Zerstörung und weniger Raum einnehmen. Und was machst du aus der Hoffnungs-Resignations-Frage?

Viele sagen darum schon, »Es ist zu spät«, das ist dann zwar schlimm für die Welt, aber für einen selbst vielleicht sogar besser auszuhalten, weil man die Anstrengung zu hoffen nicht mehr aufbringen muss und der Enttäuschung nicht so schutzlos ausgeliefert ist. Aber was bedeutet überhaupt dieses »Es« in dem Satz »Es ist nicht mehr zu schaffen«? Das kommt mir ein bisschen theatralisch vor, weil ja etwas weniger schlimm immer noch besser ist als noch schlimmer, das Hoffen und das Kämpfen behält also auch dann noch Sinn, wenn der Golfstrom stoppt und die Antarktis eisfrei ist. Statt mit großer Geste aufzugeben, versuche ich, den Weltrettungsdruck auf mich selbst nicht zu groß werden zu lassen und die ökologische Trauer als Teil meines Lebens zu sehen. Es bedeutet manchmal einfach auch nur zu weinen. Und wie ist es bei dir?

LUISA Ambivalent. Ich trauere oft um das, was schon verloren ist. Aber solange irgendwo noch Ökosysteme, Arten, Lebensräume, Menschenleben und Zukünfte zu retten sind – wie könnte ich aufgeben?

Gleichzeitig finde ich deine Weltrettungsdruck-Entlastung ganz schön bequem. Niemand muss das alles alleine machen, davon ist keine Rede. Aber irgendwer muss sich kümmern, Millionen Irgendwers müssen sich kümmern, genau genommen. Und ich habe mich entschieden, eine davon zu sein. Das liegt daran, dass ich, existenziell gesprochen, nicht vor meiner eigenen Zukunft flüchten kann, und die sieht global betrachtet gerade bescheiden aus. Also tue ich mich mit anderen zusammen, um das zu ändern, soweit wir können. Hat fast etwas Egoistisches, wenn ich so darüber nachdenke. Aber es zeichnet sich ab, dass der Rest meines Lebens ununterbrochen von irgendeiner Form von Krise beherrscht sein wird. Immer mindestens eine ökologische, perspektivisch aber ein großer Strauß gefährlicher, gleichzeitiger Krisen. Unser Menschsein wird sich also maßgeblich durch das definieren, was wir aus diesen Krisen machen. Auch wenn ich dafür in Kauf nehmen muss, mich ewig mit so viel Bedrohlichkeit zu beschäftigen. Abgesehen davon würde ich den Aktivismus, das Kämpfen, den ewigen Widerstand nicht leisten, wenn es nicht auch Spaß machen würde. Das ist die Crux dabei: Dass wir wissen, es könnte alles umsonst gewesen sein. Vielleicht wird einfach alles immer schlimmer und schlimmer. Also müssen wir auch jetzt eine gute Zeit haben, um zurückblicken zu können und zu wissen, dass wir die letzten Jahre oder Jahrzehnte nicht an klimabesorgte Trostlosigkeit verschenkt haben. Sondern auch voller Lebensfreude waren.

BERND Gilt das eigentlich auch für Männer? Man braucht ja um den Zusammenhang zwischen überkommener Männlichkeit und Klimakrise nicht lange rumzureden. Bergbau, Autoindustrie, Agrar – das sind ja ganz überwiegend Männer in verschiedenen Verkleidungen. Autofahren, Fleischessen, angeberische energieaufwendige Business-Mobilität, auch da sind Männer jeweils bedürftiger, begieriger und anmaßender als Frauen. Nicht zuletzt diese ganze Töterei: das Jagen, Metzgern, Grillen. Und natürlich befrage ich mich da auch selbst. Ökologisch war ich zwar bewusster als mein Vater, und als schon in der Pubertät feministisch sozialisierter Mann bin ich vielleicht einen Hauch emanzipierter als manche meiner Altersgenossen; schön und gut, denke ich mir dann, aber was ist dabei rausgekommen: Wie viel CO_2, wie viel Baumwolle, wie viele tote Tiere und so weiter. Ich gucke mit einer gewissen ökologischen Wut auf uns Männer, aber auch mit einer Rührung, weil das meiste davon ja dazu dient, fossil verstärkte Jungs zu bleiben, es ist sentimental, es trägt Züge von Verzweiflung und Vergeblichkeit, aber auch schon von Selbstironie.

LUISA Klingt ein bisschen entschuldigend, und ein bisschen deprimierend.

BERND Ach, ich weiß nicht, im Ruhrgebiet damals war es ja ein würdiger Verfall, in ehrlicher Traurigkeit, aber auch in trotzigem Überleben. Das war beileibe nicht nur deprimierend. Außerdem liegt in diesem Strukturwandel der Männlichkeit doch zugleich die Chance zur Befreiung: Männlichkeit ohne Patriarchat, Männlichkeit mit weniger Material, Bedeutung mit weniger Verkleidung, Status ohne Symbole, Mobilität ohne diese Minuten-Wichtigkeit, Essen, ohne in die Muskelmasse verwandter Lebewesen zu beißen, sich kleiden, ohne mit Tierhaut behängt zu sein – das sind alles aufregende Projekte, die wohl niemand alle auf einmal angehen wird, auch ich natürlich nicht; doch immer weniger Männer wollen gar nichts davon probieren. Wo das hinführt, weiß ich nicht, was für eine Art von Männlichkeit dabei rauskommt, keine Ahnung, aber das ist ja das Spannende.

LUISA Und auf einmal stellt man fest, wie viel den Menschen und eben auch den Männern aktuell vorenthalten wird. Die Kultur hinter der Klimakrise, sprich die strukturell männlich dominierte Ausbeutung, mündet nicht nur in anhaltender ökologischer Zerstörung, sondern eben auch in anhaltendem Verzicht auf viele Möglichkeiten alternativer Männlichkeit.

BERND Was uns jetzt zusätzlich so wahnsinnig unter Stress setzt, ist, dass die dominierende Jetzt-Kultur alle anderen Zeiten quasi aufgefressen hat. Sie hat die Vergangenheit mit hohem Einsatz zugerichtet, sodass sie für uns nutzbar war, uns bestätigt und legitimiert hat, uns eine erzählbare und einigermaßen erträgliche Geschichte liefert. Die Zukunft hat sie als Abraumhalde mit zu erledigenden Aufgaben und zu entsorgendem Müll verstellt. Jetzt passiert etwas Bestürzendes: Die Gegenwart expandiert nicht mehr in die Vergangenheit hinein, verliert ihre Deutungsmacht über das Gewesene, und zugleich rast die Zukunft auf uns zu. Die Gegenwart gerät von beiden Seiten unter Druck. Von der Vergangenheit deswegen, weil diejenigen, die in der Geschichte, wie *wir* sie geschrieben haben, nicht so vorgekommen sind, die Diskriminierten also, die aus der Geschichte Herausgeschriebenen. Die sagen nun: »Nein, wir sind da und wir bestreiten euch eure Geschichte, wir drücken eure Geschichte zurück in die Gegenwart und zwar mit unseren Akzenten.«

Gleichzeitig ist die Zukunft als Depot unserer externalisierten Kosten weg. Und dazu kommt, dass die ganzen Gruppen, die benachteiligt und diskriminiert worden sind, das Vertröstungsspiel nicht mehr mitmachen. In den 1960er-, 1970er- und 1980er-Jahren konnte man noch sagen: »Geduldet euch, es wird doch langsam besser.« Jetzt fragen sie: »Warum nicht sofort? Wir haben nur ein Leben und ihr hattet genug Zeit.« Weder das Vertrösten noch das Verschieben in die Zukunft funktionieren noch. Das macht die traditionellen Profiteur:innen natürlich nervös, das ist klar. Und dann werden sie Buddhist:innen, Apokalyptiker:innen, Fantast:innen oder Kolumnist:innen, die jeden Tag die Welt daraufhin scannen, ob nicht irgendeine BIPoC oder eine Feministin etwas »Übertriebenes« gesagt oder getan haben könnte, um sich dann als Maß und Mitte zu inszenieren. Oder aber sie freuen sich über die neu normierte und anders zu gestaltende Gegenwart. Jetzt muss man wirklich Menschheit werden und das bedeutet dann auch: Abgeben und Veränderung.

LUISA Ich würde an der Stelle noch zwei Dimensionen ergänzen. Die erste Dimension ist die räumliche: Bisher konnte man Probleme sehr gut in andere Ökozonen, auf andere Kontinente schieben. Unseren Plastikmüll haben wir lange ganz selbstverständlich nach China exportiert. Jetzt kommt China und sagte: »Sorry, Leute, wir wollen euren Plastikmüll nicht mehr.« Und plötzlich fällt uns auf, wie anfällig unsere materiellen Kreisläufe sind. Was ist denn eigentlich, wenn zum Beispiel die Menschen in Ghana unseren Elektroschrott nicht mehr haben wollen? Was passiert, wenn Menschen in Syrien sagen: »Entschuldigung, bei uns ist die Klimakrise angekommen, wir bräuchten einen neuen Wohnort, habt ihr da Vorschläge? Hallo Lichterfelde, können wir bei euch Asyl beantragen?« Was passiert, wenn wir Handelsverträge abschließen und auf einmal mitverantwortlich dafür sind, dass im Amazonas Bäume fallen und die Menschen vor Ort sagen: »Ihr in Europa, was macht ihr da eigentlich? Ihr vernichtet uns, seht ihr uns nicht? Was denkt ihr euch?«

Die zweite Dimension ist die völlig unangemessene Überhöhung der Menschen über die Tiere. Es irritiert mich so sehr! Dieses unglaublich binäre Verständnis von Mensch und Tier, Mensch und Natur funktioniert nicht. Das wird gerade so deutlich wie selten zuvor. Ich würde nicht sagen, dass das Tierreich zurückschlägt, denn wir sind ja immer noch wahnsinnig sportlich im Ausrotten, aktuell sterben die Arten schneller aus, als Wissenschaftler:innen ihnen Namen geben können. Aber es gibt Menschen auf der Welt, die sehr erfolgreich in sogenanntem Einklang mit der Natur leben, sich selbstverständlich zur Natur zählen und entsprechend damit umgehen. Indigene Völker zeigen seit Jahrtausenden, wie und dass es anders gehen könnte. Es ist eben nicht so, als würde es kein Wissen auf der Welt geben, wie es anders gehen kann. Menschen sind nicht zwangsläufig Natur- und Tierzerstörer, Krankheitserzeuger und Degradeure.

Du hast gesagt, man dürfe sich den Menschen nicht als Druckgefäß vorstellen, das zwangsläufig irgendwann explodiert. Ich glaube schon, dass es eine Gefahr des ungesteuerten Ausrastens gibt. Menschen, die anfangen, Wissenschaft zu leugnen, weil die Erkenntnisse zu disruptiv sind, Menschen, die sich vor lauter Gefahren zurückziehen oder angesichts der vielen Unsicherheiten anfangen, Minderheiten zu hassen. Doch es hat sich auch eine große Bühne für eine progressive Erzählung eröffnet. Vor lauter Druck durch die Bedrohlichkeit der Gegenwart wächst die Nachfrage nach Entwürfen einer besseren Zukunft. Wie sähe eine Welt aus, in der wir uns gegenseitig wieder in die Augen gucken können?

BERND Dieses In-die-Augen-gucken-Können ist auch für mich ein wichtiger Punkt. Mich stresst es, wenn ich einen hohen emotionalen und gedanklichen Aufwand betreiben muss, um mein Weltbild aufrechtzuerhalten oder mich stabil zu halten. Ich bin durch das Nachdenken über die Klimakrise oder die Ökologie-Krise an Punkten angekommen, an denen mir die Dinge klarer vorkommen. Dass Tiere nur Mittel sind und wir Menschen nur Zweck, das wird doch schon durch einen einzigen längeren Blick in die Augen eines Tieres emotional widerlegt. In dem Moment ist es offensichtlicher Quatsch, dass ein Tier kategorial so viel weniger wert ist als der Mensch. Man muss schon unheimlich viel an Ideologie und Distanz schaffenden Argumenten aufwenden, um das zu übersehen. Man muss das Tier zur Ware machen.

LUISA Und ihm eine kapitalistische Logik unterlegen.

BERND Ja, genau: Man guckt ein Tier unter dem Aspekt an, wie es einen reicher machen kann.

LUISA Woher glaubst du, kommt das?

BERND Durch diese Überanstrengung, die Natur und die Welt kontrollieren zu wollen. Wenn zum Beispiel Anti-Öko-Leute sagen: »Die Klimawissenschaft weiß ja auch nicht zu 100 Prozent, wie es wird«, dann ist das zwar richtig. Wir greifen aber trotzdem in dieses unglaublich komplexe Konstrukt des Klimas ein, als wüssten wir, dass es schon gut ausgeht. Die Eingriffstiefe ist auch hier wieder weit größer als die Erkenntnistiefe. Bei der Corona-Pandemie konnte man die Folgen dieser Diskrepanz sehr gut sehen, weil die Virologie immer langsamer war als das Virus. Das ist zwar die Ursituation der Menschen seit Beginn an, dass sie handeln müssen, ohne alles verstanden zu haben, aber die Wirkungen waren vormals andere.

LUISA Sie konnten auch noch nie so tief und so weitreichend eingreifen. Wir haben ja Maschinen gebaut, die ganze Gesellschaften auslöschen können. Da schwingt schon eine große Arroganz mit.

BERND Und das kommt jetzt zurück, als existenzieller Stress. Die Kultur, in der wir zumindest im Westen leben, ist geprägt von zwei drastischen Umbrüchen oder auch Selbststeigerungsprojekten. Einmal vom jagenden und sammelnden Homo sapiens zum sesshaften und agrarischen Menschen. In diesem Zusammenhang sind große Weltreligionen entstanden, sie schufen eine Ethik, die es möglich machte, eine Agrargesellschaft und sesshaft zu werden. Da ging es um einen Gott, einen Herrscher, es ging um

Grundbesitz, um Abstammung und Fleiß, man könnte auch sagen um endlose Plackerei und die Motivation dazu. Das war ein gewaltiger und oft auch gewalttätiger Prozess. Das hat auch großartige kulturelle Leistungen möglich gemacht, ohne die wir nicht wären, was wir sind und nicht so viele, wie wir sind. Ich möchte nur darauf hinweisen, dass es Teil unserer Kultur und unseres Menschenbildes ist, den Menschen als widerspenstiges, mit Drohung, Schuld, Strafe und Anreizen neu zu formendes Wesen anzusehen. Und vielleicht war das alles bisher notwendig für den Fortschritt und in Zukunft ist etwas anderes nötig.

Das zweite Neuerfindungsprojekt des Menschen fand in der Industrialisierung statt, in deren Zuge auch Liberalismus und Individualismus entstanden sind. Das war wiederum ein gigantischer Veränderungsprozess vom agrarischen, in den zirkulären Naturprozessen lebenden Menschen zu einem industriell-linear lebenden und arbeitenden Menschen. Auch dazu entstand eine passende Ideologie – materielle Anreize und Drohungen mit verschiedenen Arten von Strafen –, damit sich Menschen in diese lineare industrielle Welt hineinpressen lassen. Die menschliche Natur ist eigentlich nicht für das Lineare ausgelegt, sondern für Zyklen, weil der Mensch einen Körper hat und weil es Tag und Nacht gibt, weil er nicht jeden Tag 14, 12 oder auch nur acht Stunden in einem fixierten Rhythmus arbeiten möchte, sondern in Wellen.

Unsere ganze Kultur ist also geprägt von zwei Umpolungen des Menschen durch den Menschen und deswegen sehen wir ihn als widerspenstiges Wesen, das eingespannt werden muss zwischen Belohnung und Bedrohung. Aber muss das heute noch durchgängig so sein? Schließlich sind wir in den westlichen Industrienationen mehrheitlich nicht mehr in diesen materiellen Mangellagen, die das vielleicht notwendig gemacht haben, die materielle Notlage kommt nicht mehr aus dem Mangel an Nahrung, der Mensch müsste auch nicht mehr so in den Rhythmus der Maschine gezwungen werden. Die materiellen Nöte kommen nicht aus dem Mangel, sondern aus dem Überfluss, aus dem materiellen Selbstbelohungszwang und aus der ökologischen Zerstörung. Viele moderne Arbeitsprozesse erfordern zudem eher einen schweifenden, sammelnden und im übertragenen Sinne jagenden Menschen als einen Menschen im Akkord. Der Profit, den man daraus ziehen konnte, die Menschen unter Druck zu setzen, ist schon zu oft ins Negative geschlagen. Wir brauchen für unsere Art von Produktion eher den Homo ludens.

LUISA Den Homo ludens?

BERND Ein Mensch, der spielt, der frei ist. Wir müssen vom Homo oeconomicus, dem Menschen, der von der wirtschaftlichen Zweckmäßigkeit geleitet ist, mehr zum Homo ludens gelangen. Und wir müssen aufhören, die am meisten durch ihre Arbeitsumstände belohnten Menschen so überproportional zusätzlich zu belohnen und diejenigen, die wirklich hart arbeiten, durch Geldmangel zusätzlich zu bestrafen.

LUISA Cool.

BERND Damit wir diese Welt nicht so zerstören, dass sie uns irgendwann zerstört, brauchen wir nicht nur weniger CO_2 in der Atmosphäre oder weniger Methan, sondern generell viel weniger, im Grunde genommen so gut wie keinen Stoffdurchsatz mehr zur Herstellung unseres Wohlstandes. Kreislaufwirtschaft ist hier das Stichwort. Und das bedeutet, dass wir gezwungen sind – aber eben auch die Chance bekommen –, das Glück und den Wohlstand dort zu suchen, wo nicht so viel Materie involviert ist: im Austausch von Mensch zu Mensch. Was unserer Gesellschaft paradoxerweise am meisten fehlt, ist Zeit von Menschen für Menschen. Das konnten wir jetzt in der Pandemie noch einmal wie durch ein Brennglas beobachten: Pflege, Schule, Sozialarbeit, Kultur, …

LUISA … Psycholog:innen, Therapeut:innen …

BERND Bei all diesen Arbeiten, diesen Zuwendungen von Mensch zu Mensch, sagt man, es sei nicht genug Geld vorhanden.

LUISA Hast du Hoffnung?

BERND Ja. Wir müssen nur verstehen, woher die Materialität der Belohnung kommt und was wir damit überhaupt kompensieren. Das Bild vom Menschen, der nur durch Druck und Belohnung, durch Strafe und Drohung davon abgehalten werden kann, faul oder barbarisch zu sein, stimmt womöglich viel weniger, als wir glauben; oder es stimmt nur so sehr, weil wir es so sehr glauben, es ist ja ein im Grunde dunkles Menschenbild. Wir müssen die Mensch-zu-Mensch-Arbeit als Chance sehen. Nicht ausschließlich – natürlich brauchen wir auch Gegenstände wie Häuser oder Fahrräder und wahrscheinlich brauchen wir selbst Autos.

LUISA Die Materialität der Belohnung scheint ein besonders klebriges Relikt aus dem 20. Jahrhundert zu sein. Ich finde Belohnung ja gut, aber warum muss sie immer mit Gegenständen einhergehen?

BERND Das hängt vielleicht auch mit unserer jüngeren Vorgeschichte zusammen. Nach den beiden Weltkriegen, nach dem singulären Grauen des Holocaust und nach den Totalitarismen war es sehr wichtig, dass sich die gesamte westliche Kultur darauf ausrichtete, dass sich diese Dinge nicht wiederholen. Dazu gehören liberale Werte wie etwa Toleranz, was zweifelsohne unvermindert richtig und wichtig bleibt. Dazu gehörte aber auch die Idee, dass man die Reibung zwischen den Menschen, die zu gefährlichen Dingen führen kann, dadurch verringert, dass man sie mit Materie, mit ständig wachsendem Wohlstand friedlich hält, der Zwischenraum zwischen den Menschen wird mit Wohlstand gewissermaßen ausgeschäumt, damit sie sich nicht zu unmittelbar begegnen müssen.

Es ist natürlich richtig, dass der Mensch rücksichtslos ist – auch gegen die Natur –, wenn es um sein Überleben geht. Aber mittlerweile ist dieses Existenzielle oftmals so vermittelt, mehr eine Metapher als eine Tatsache, sodass wir anfangen könnten, uns als Wesen zu sehen, deren Überleben nicht mehr dramatisch davon abhängt zu obsiegen, zu erobern, sich zusammenzureißen, sich permanent für irgendwas zu belohnen, weil wir irgendwas erlitten haben und all das. Und wir haben sicherlich – und damit meine ich meine Generation – den Zeitpunkt verpasst, an dem man hätte sagen müssen: »Das mit dem Wohlstand und mit dem existenziellen Kampf ums Überleben haben wir jetzt so einigermaßen im Griff. Jetzt sollten wir uns auf die Folgen unseres Handelns konzentrieren und es anders machen.« Insofern kommen wir aus der Schuldsache nicht ganz raus. Aber das Eingestehen von Schuld macht ja bekanntlich klüger, wie wir aus der deutschen Geschichte wissen.

LUISA Was du sagst, ist sehr abstrakt. Ich frage mich, ob man das ein bisschen plastischer machen kann. Vielleicht kann man ein Beispiel an der Arbeitszeit illustrieren: Wie erklärt man den Menschen, dass sie in einer immer produktiveren Welt immer mehr arbeiten müssen? Denn die Freiwillig-

keit weniger zu arbeiten wird in unserer Leistungsgesell-
schaft kontinuierlich reduziert, weil Arbeitszeit mit Ansehen, gleich Status, gleich Wertvorstellung gleichgesetzt
wird. Kurzum: Wir müssen immer mehr arbeiten, obwohl
wir doch ständig Maschinen erschaffen, die uns die Arbeit
abnehmen sollten. Wie rechtfertigt man das? In dieser
Logik wird jede Stunde, die man mit seinem Kind spielt,
zur Zeitverschwendung, beinahe eine Unerlaubtheit, die
in keinem wirtschaftlichen System abgebildet ist. Dadurch
wird auf eine unglaublich effiziente Art und Weise genau
das verhindert, was uns eigentlich gegen Stress wappnet:
starke Beziehungen und starke Gemeinschaften. Kurz, soziale Resilienz.

BERND   Hast du einen Lösungsansatz?

LUISA   Mein Eindruck ist der: Menschen wollen eigentlich gut
sein und Gutes tun, nur bekommen sie – mittlerweile –
sehr selten die Möglichkeit dazu. Es gibt eine US-amerikanische Serie, sie heißt *The Good Place*. »The Good Place« ist
in der Serie der Himmel, »The Bad Place« die Hölle. In der
Serie sammeln die Menschen ihr Leben lang Punkte. Am
Ende ihres Lebens wird nach ihrer Punktezahl entschieden,
ob sie in »The Good Place« oder in »The Bad Place« kommen. Jetzt kommt ein Spoiler, Verzeihung: Nach ein paar
Staffeln stellen die Protagonist:innen erschrocken fest,
dass es für sie auf der Erde keine Möglichkeit mehr gibt, in
»The Good Place« zu kommen, weil die moderne Welt und
die komplexen, unübersichtlichen Abhängigkeiten ihnen
praktisch keine Möglichkeiten mehr geben, wahrlich gut
zu sein.

Das 21. Jahrhundert hält eine neue Stress-Dimension bereit. Wenn man genau hinguckt, gibt es kaum noch ein Produkt, das weder ökologisch noch sozial belastet ist, kaum

eine Plattform, deren Daten-Politik kein schlechtes Gewissen macht. Die Digitalisierung wird zwar von großen Ideen getragen, aber eben auch von kleinen Kinderhänden, die viel zu oft unreguliert Rohstoffe abbauen, oder am anderen Ende Elektroschrott auseinander nehmen. Jede räumliche Expansion ist gleichzeitig ein Eindringen in Naturraum, der immer weniger Natur und immer mehr Raum wird, das Wohnzimmer von einem kleinen, reichen Teil der Welt, der nicht genug kriegen kann. In dieser Welt ist es unglaublich schwer geworden, ein guter Mensch zu sein. Nimm mich, ich habe so viele Tonnen CO_2 auf mein Konto geladen, dass es jetzt schon nicht mehr aufgeht. Und ich bin 25. Ein Teil davon geht auf ein privilegiertes Setting zurück. Aber der größte Teil geht auf die Menge an CO_2, die Menge an Umweltzerstörung zurück, die wohlständige Gesellschaften infrastrukturell ausstoßen. Es funktioniert einfach nicht: Es gibt kein nachhaltiges Leben in einer nicht nachhaltigen Welt.

15. DIE SOGENANNTE MACHT UND DAS SEIN-LASSEN – ODER: WIE LEBT ES SICH AM STRAND, WENN DER MEERESSPIEGEL STEIGT?

Es ist zum Verzweifeln – Ja, aber und dann? – Kann man das Thema Klima jemals wieder loswerden? – Ersatzhandlungen in der ökologischen Sackgasse – Zynismus ist verständlich, aber keine Lösung – Menschen, die gut reden haben

LUISA Der Aufbruch aus dieser gestressten Gegenwart hinein in eine klimagerechte, solidarisch gerechte Zukunft klingt schnell romantisch, ist er aber nicht. Das ist ein unglaublich schwieriges, aufwendiges und aufreibendes Unterfangen. Es ist hart, und es wird noch härter werden. Der Gedanke an diese vielen Weltverschiebungen, Krisen, Prozesse, die noch vor uns liegen, gruselt mich an manchen Tagen. Es ist ziemlich leicht, sich einschüchtern und verschrecken zu lassen von der Wucht der Klimakrise und von den Überkräften, die wir werden mobilisieren müssen, um sie zu entschärfen. Zusätzlich arbeiten wir als Klimabewegte ja auch andauernd im Widerstand. Das inhärent widerständlerische Sein sorgt für eine Art Verdichtung, einen Grunddruck, der einen unflexibler für Kompromisse macht. Das sorgt dafür, dass man sich nicht so einfach »mal kurz« entspannen kann. Denn in dem Augenblick, in dem man sich entspannt, fehlt der Druck, der es erst möglich macht, die permanenten inneren Widersprüche aufzuhalten.

BERND Wir haben ja schon öfter über Druck, Hoffnung und Verzweiflung gesprochen, und ich wundere mich gerade, dass du es nicht selbst sagst, deshalb spinne ich einen deiner Gedanken weiter: Ich bin ja selbst politisch sozialisiert. Anfang der 1980er-Jahre ging es bei der damaligen Friedensbewegung, zu der ich gehörte, um die Stationierung von nuklearen Waffen. Ohne hier ins Detail gehen zu wollen: Wir waren der Überzeugung, dass die Stationierung dieser Mittelstreckenraketen uns sehr nah an einen nuklearen Overkill bringen würde.

LUISA Wir arbeiten ununterbrochen mit dem Existenziellen. Irreversibilät ist das Stichwort: Wir rennen gegen die Zeit an, jede Minute werden viele weitere Hektar Primärwald zerstört, jeden Tag rücken wir näher an katastrophale Kipppunkte heran. Das CO_2-Budget, um noch unter 1,5 Grad Erwärmung zu bleiben, rinnt uns durch die Finger. Arten sterben aus und werden nie, nie wiederkommen, Ökosysteme zerbrechen unwiderruflich. Wenn einige dieser gefährlichen Kausalketten erst mal losgetreten sind, gibt es kein Zurück mehr. Die Grundverzweiflung ist da. Sie bestärkt, aber macht eben auch so schnell panisch.

BERND Genau. Auch damals haben wir für ein paar Jahre ununterbrochen – nun ja – gekämpft. Viele von uns hat das wirklich existenziell ergriffen. Und es war – das muss man der Gerechtigkeit halber dazu sagen – auch nicht komplett aus der Luft gegriffen. Die Möglichkeit eines nuklearen Schlagabtauschs bestand tatsächlich, was zwar harmlos klingt, aber den Untergang der Menschheit bedeutet hätte. Dann sind die Raketen aber doch stationiert worden. Daraufhin haben wir uns radikalisiert, sind also übergegangen von Demonstrationen zu Menschenketten zu zivilem Ungehorsam. Für mich persönlich, ich war einer der Organisator:innen dieser radikaleren Aktionen, führte das irgendwann an einen dramatischen Bruchpunkt. Wir haben damals, es war 1984, versucht, die NATO-Manöver im sogenannten Fulda-Gap zu behindern. Da hat dann irgendwann ein Mitkämpfer, der blind war, mit seinem Blindenstock gegen einen aggressiv aufheulenden amerikanischen Panzer geschlagen und sich selbst damit in akute Gefahr gebracht. Da habe ich gedacht: Diese brenzlige Situation habe ich jetzt mitzuverantworten, weil ich es mitorganisiert habe, aber ich will das nicht mehr. Da endete für mich die Radikalisierung. Und was haben wir dann gemacht mit dieser nuklearen Existenzangst? Wir sind unserer Wege gegangen und haben uns mit anderen Themen beschäftigt. Das konnten wir aber nur, weil die Raketen in ihren Silos geblieben sind. Die Sache war hochriskant, sie war existenziell, sie ist aber gut ausgegangen. Und da gibt es einen Unterschied zu euch: Wenn die Dinge in der Klimakrise schiefgehen und ihr euren Kampf verliert, kann man nicht einfach nach Hause gehen, die Gefahr bleibt nicht in den Silos. Denn an jedem Strand, an dem Luisa oder Greta liegen, nachdem sie aus der Klimathematik ausgestiegen sind, werden sie den Meeresspiegel weiter steigen sehen. Manchmal frage ich mich, wie ihr das aushaltet.

LUISA Wie meinst du das?

BERND Ich habe noch 20, 30 Jahre, du hast wahrscheinlich 60 Jahre vor dir, vielleicht auch 80. Du wirst aus deinem Klimakampf nie wieder ganz rauskommen.

LUISA Wir können nicht vor unserer eigene Zukunft fliehen. Also kämpfen wir für sie. Bloß steigen die Emissionen weiter. Das hat natürlich etwas Aussichtsloses. Manchmal denke ich: Verdammt, wir sind zehn Jahre zu spät. Und ich frage mich, wo ich mit zwölf war, denn es gibt Zwölfjährige, die schon bei uns in der Bewegung mitmachen.

BERND Oh bitte, lass die zwölfjährige Luisa Kind sein, auch rückblickend!

LUISA Die Arbeit in und mit der Bewegung macht auch Hoffnung. Wir haben gesehen, dass wir etwas bewegen können. Andererseits erhöht das den Druck. Da beschäftigen wir uns am selben Tag mit der Agenda eines Parteitags der SPD, die es nicht für notwendig hält, der Klimakrise einen Tagesordnungspunkt zu widmen, während in Indien Aktivist:innen für ihren Klimaaktivismus verhaftet werden und in Uganda das dritte Mal ein Dorf überspült wird und Schwestern, Cousinen, Großmütter sterben. Das ist eine unglaubliche Fallhöhe. Das ist als soziale Bewegung nicht immer leicht. Und das ist auch als Einzelperson dieser Bewegung nicht immer leicht.

BERND Braucht ihr noch mehr Vorbilder?

LUISA Ja. Ich glaube, das tatsächliche Wissen über ökologischen Krisen bringt uns in der Bekämpfung vielleicht 5 Prozent, den restlichen Anteil bestimmen Vorbilder, die das Wissen in Handlungen übersetzen. Deswegen hat Gretas Schulstreik funktioniert. Sie hat nicht nur gesagt: »Wir sind in einer Klimakrise«, sondern auch: »Schaut mal, ich lebe eine Haltung und Handlung direkt vor, die dem entspricht, was ich sage.« Das hat auf eine ganz neue Art und Weise die Lücke zwischen Wissen und Handeln, man nennt es auch die »Belief-Behavior-Gap«, überbrückt. Es wird einem leichter gemacht, die Informationen über die

Schrecken und die Katastrophen der Welt anzunehmen, wenn es Handlungsangebote gibt. Denn die Gefahr ist natürlich immer da, dass Menschen ein Buch oder die Zeitung dann doch lieber zuklappen, weil sie denken: »Mensch, ich weiß gar nicht, was ich damit anfangen soll. Das ist alles so bitter und schlimm. Dann möchte ich das alles lieber nicht wissen, vielleicht kann ich dann ein bisschen leichter so weiterleben wie bisher.« Mit Wissen kommt Verantwortung, so wird das Nicht-Wissen in der Klimakrise natürlich schnell eine verlockende Option. Alternativ sehnen sich viele nach schnellen Handlungsoptionen, die am liebsten bequem und unkompliziert sind. Das wurde auch schnell von der Marktforschung entdeckt, es hat sich in den letzten Jahren ein riesengroßer Markt an Ökotipps und fröhlichen Nachhaltigkeits-Angeboten entwickelt, die erst-sensibilisierte Menschen an dem Punkt abholten, an dem sie super gerne zwei Euro mehr für ein Produkt bezahlen, dessen Verpackung leicht runtergerockt ist, irgendein Siegel hat und der Natur angeblich »einen Gefallen« tut. Funktioniert bei Wasserflaschen, Bambuszahnbürsten, Shampoo gleichermaßen. Dazu kommt eine gewisse pseudo-sympathische Gewohnheit, am Ende jedes Gesprächs über ökologische Krisen einen Hoffnungsschlenker zu machen, doch noch mal in die Runde hinein zu fragen, was denn Hoffnung macht und doch noch mal klarzustellen: »Ja, es ist ganz schlimm, aber es gibt noch diese und jene Option.« Hoffnungslosigkeit ist nämlich unerhört.

Umfragen haben gezeigt, dass die Mehrheit der Deutschen nicht denkt, dass die Klimakrise ein akutes Problem für Deutschland ist.[5] Die wenigsten gehen davon aus, dass das menschliche Überleben auf dem Spiel steht. Der Grund hierfür ist nicht allein der Mangel an Informationen. Ich habe noch nie die Erfahrung gemacht, dass es eine Information alleine war, die jemanden zum Handeln angetrieben hat. Es sind immer Emotionen beteiligt. Die emotionale Interpretation von Informationen, um genau zu sein.

BERND Bei dir als einem Kopf der Bewegung geht es ja nicht nur um die Gefühle, die du hast, sondern auch um die, die du auslöst als Rollenmodell. Müsstest du dich da nicht ständig damit beschäftigen, welche Emotionen du als Person in der Bewegung beziehungsweise im Land hervorrufst.

LUISA Klar, ich mache mir viele Gedanken darüber, was ich sage. Worte haben eine unglaubliche Macht. Bei Worten geht es auch immer darum, wer sie sagt, in welchem Setting sie gesagt werden, wie sie gesagt werden, welche Emotionen man sich traut zu artikulieren. Das alles gehört für mich dazu. Und natürlich geht es dabei auch um Informationen. Nur ist das Information-Age ja längst da. Wir sind die am besten informierte Version Mensch, die es jemals gab. Vieles wird irgendwo digitalisiert gespeichert, aufbereitet, weitergetragen, alles klingelt und piept unterbrochen. Und was machen wir aus diesem ganzen Wissen?

BERND Ich komme aus recht kleinen Verhältnissen und es hat mir eine Zeit lang Glück und Zufriedenheit gebracht, diesen Verhältnissen zu entwachsen, aufzusteigen und meine soziale Herkunft im Habitus und Benehmen zu überwinden. Das war alles eine Zeit lang richtig und schön. Ich will das nicht negieren, auch wenn der CO_2-Abdruck dieses Aufstieges hoch war.

Meine Glücksmomente der letzten 15, 20 Jahre aber sind eher Erlebnisse vom Weniger und vom Loslassen, von weniger Konsum, weniger sogenannter Macht, weniger Statussymbole, weniger Status-Kostüme usw. Das fing damit an, dass ich Kinder bekam. Ich musste Kontrolle abgeben, wurde abhängiger von dieser Welt, weil diese kleinen Menschen zu einer verletzlichen Erweiterung meines Selbst wurden. Was ihnen widerfuhr, widerfuhr mir, sie wurden krank, sie waren auf der Straße in beständiger Gefahr, sie wurden in der Schule gut oder schlecht behandelt, aber ich konnte das alles nicht wirklich kontrollieren. Das hat zu Demut in mir geführt. Und nachdem immer mehr Wohlstand meinen Weg begleitete, fing ich an, das alles wieder abzubauen. Die Autos wurden erst größer, dann kleiner, jetzt habe ich gar kein Auto mehr. Das war unterm Strich eine Befreiung, auch wenn es ab und an echt umständlich ist. Ein anderes Beispiel: vegane Ernährung, großartige Sache. Dieses ständige Selbstgespräch: »Was esse ich? Ist es diätisch, ethisch, ökologisch okay?« Das ist alles kein Thema mehr, wenn du dich vegan ernährst. Auch hier: Befreiung. Beinahe jeder Verlust, jedes Weniger war ein Gewinn, der Verlust geliebter Menschen natürlich ausgenommen.

Das alles gilt selbstverständlich nur für die, die genug haben. Aber wir reden hier ja nicht über den Teil dieser Gesellschaft, der zu wenig hat, um zu verzichten, sondern über die vielen Leute, die ihr Leben reicher machen können, indem sie etwas abgeben, aufgeben oder loslassen. Man kann natürlich sagen, und ganz zu recht: der hat gut reden. Aber wenn alle, die gut reden haben, auch anfangen würden, besser zu handeln, dann wäre manches besser.

16. BESSER LEBEN ALS JE ZUVOR –
WAS HOFFNUNG MACHT

Die Normalität ist extrem – Warum nur noch Utopien realistisch sind – Wie wir einander in die Augen schauen können – Warum sind wir noch gleich vegan? – Glück ohne Materie (oder nur mit ein bisschen)

BERND Ich habe ein wirklich starkes Gefühl davon, was das Positive sein könnte, aber keinen guten Begriff dafür.

LUISA Wir haben besprochen, dass Klimagerechtigkeit der Zustand wäre, in dem wir uns alle wieder in die Augen gucken können, weil wir wissen, dass wir die Freiheit des anderen nicht durch unsere eigenen Verhaltensweisen terrorisieren und dem anderen die Konsequenzen unseres eigenen Handelns aufzwingen. Und weil wir wissen, wir sind Teil eines Systems, das es wagt, über den eigenen Horizont, die eigene Generation und Legislatur hinaus solidarisch zu sein. Das ist zum Beispiel ein sehr schönes und auch gutes Bild.

Ich kenne die Situation, mit jemandem zu sprechen, zum Beispiel mit Aktivist:innen aus den Philippinen oder Uganda, und wenn sie von ihren täglichen Herausforderungen und auch politischen Bedrohungen berichten, dann möchte ich eigentlich die Kamera ausmachen, weil ich gar nicht weiß, was ich dazu sagen kann. Ich schreibe dann ein verlegenes Herzchen in den Chat. Der Solidaritäts- und Gerechtigkeitsaspekt löst in mir tiefes Unwohlsein aus, weil es eigentlich ein Wunder ist, dass diese Menschen überhaupt noch mit uns reden.

Wir müssen uns im Klaren darüber sein, dass wir in der Art und Weise, wie wir den Planeten ausbeuten, Ungerechtigkeiten schaffen und verschärfen. Und wenn ich hier in der Talkshow sitze und irgendjemand sagt mal wieder: »Luisa, wir können das doch nicht alles so schnell machen«, und zweieinhalb Tage später kann unsere Aktivistin auf den Philippinen mal wieder nicht an einer Telefonkonferenz teilnehmen, weil die Flut zu hoch gestiegen und der Strom deshalb ausgefallen ist – und sie trotzdem weiter kämpft –, dann zeigt das natürlich, dass da etwas grundsätzlich nicht stimmt.

BERND Die Definition, so zu leben, dass man jedem in die Augen schauen kann – und den Tieren auch, selbst denen mit Facettenaugen –, finde ich schon ganz gut als Formel. Das bedeutet ja nicht, dass es keine Konflikte und keine Interessensgegensätze mehr gibt. Es bedeutet, die Gegensätze, die Ausbeutung und die Zerstörung so zu verringern, dass man wieder anfangen kann, darüber zu reden und nicht mehr damit beschäftigt ist, sie zu verdrängen.

LUISA Ich fände die Vorstellung bewegend, den Alltag durchlaufen zu können und zu wissen, es wird mir so einfach wie möglich gemacht, möglichst wenig Menschenrechte zu verletzen und möglichst wenig Emissionen zu verursachen. Politik und Gesellschaft würden also so agieren, dass wir uns das Leben in dieser Hinsicht leicht machen könnten. Es würde einfach werden, ökologisch zu wohnen, mit mehreren Generationen zusammenzuleben und sich sicher durch die Städte und über das Land zu bewegen. Ich würde im Supermarkt stehen und wissen, dass es kein Produkt weit und breit gibt, für das eine Menschenrechtsverletzung nötig war. Sprich: eine Beweislastumkehr. Man bräuchte keine grünen Labels mehr, weil jedes Produkt verantwortlich produziert worden wäre.

BERND Dann müsste man beispielsweise bei Grillabenden auch nicht mehr diesen Verdrängungszirkus mitmachen, den ich immer ein bisschen ungemütlich finde.

LUISA Wie meinst du das?

BERND Als Veganer falle ich weder in Ohnmacht, noch fange ich an rumzuschreien, wenn ich Fleisch sehe. Nur muss man sich eben im Klaren darüber sein, dass das meiste Fleisch, das es in Deutschland zu kaufen gibt, aus Massentierhaltung stammt. So gesehen muss ständig ein Einverständnis aller Beteiligten am Grilltisch geschaffen werden, dass man über diese Tatsachen nicht spricht oder man stattdessen das Fleisch verherrlicht oder die Menge der Würstchen kultiviert, nach dem paradoxen Motto: Fleisch essen könnte bedenklich sein, aber so viel Fleisch doch nicht!

LUISA Ich finde es sehr anstrengend, so zu essen.

BERND Ich auch. Anstrengend war es ehrlicherweise am Anfang aber auch, vegan zu leben und darüber auch zu schreiben. Viele haben da gedacht, jetzt dreht er ab, der Ulrich, und erkennbar die Köpfe geschüttelt.

LUISA Ist das nach vier Jahren immer noch so?

BERND Ich würde sagen, das Schütteln hat sich verlangsamt. Das ermutigt mich sehr, wenn sich Widerstand in Akzeptanz verwandelt, vielleicht sogar in die neugierige Frage: Und wie kommst du dann an deine Proteine?

LUISA Ich stelle mir eine Welt vor, in der es uns die Infrastruktur erleichtert, ein lebensbejahender und möglichst wenig klimazerstörender Mensch zu sein. Eine Welt, die nicht dafür sorgt, dass jeder Akt der ökologischen Achtsamkeit ein Akt des Widerstandes gegen eine fossile Infrastruktur ist, in der Fahrradfahren nicht mehr politisch ist, weil die Straßen mich und mein Fahrrad willkommen heißen, in der es nicht mehr politisch ist, bio einzukaufen, weil es zur Normalität geworden ist, dass gesundes, regionales Essen bezahlbar und verfügbar ist. Eine Welt, in der ich mich nicht fragen muss, ob ich es noch verantworten möchte Kinder zu bekommen, und die Kinder keine Angst vor dem Planeten ihrer Zukunft haben müssen, sondern sich uneingeschränkt freuen können, auf das, was ihnen die Welt zu bieten hat, eine Welt, in der ich am Elbstrand in Hamburg spazieren gehe, ohne mich zu fragen, welche der Gebäude wohl eines Tages nicht mehr da sein werden, weil der Meeresspiegel steigt.

BERND Was ich mir wünschen würde, wäre eine Politik, die sich wirklich kümmert und Rahmenbedingungen schafft, sodass ich wieder die Chance habe – was eigentlich in meiner Natur liegt –, lässig, liederlich, daffke, gaga sein zu dürfen.

LUISA Was ist daffke?

BERND Dass alles Wichtige in zweiter Instanz auch ein bisschen egal sein darf.

LUISA Und ich möchte gerne einfach nur 25 sein. Es ist okay, wenn das nicht immer geht, wir stecken noch immer in multiplen Krisen und da müssen wir für die nächsten Jahrzehnte vielleicht einfach alle etwas schneller, etwas mehr erwachsen werden als uns lieb wäre. Aber es ist eine Zumutung was man von mir, Klimaaktivst:innen oder auch grundsätzlich jungen Generationen erwartet. Da kann man schnell verbittern. Eigentlich müssten wir unsere Verantwortung aufteilen, indem wir sagen: »Wir *alle* haben eine Reichweite, wir *alle* sind politische Wesen, wir *alle* sind in irgendwelchen Positionen.« Damit meine ich die existenziell abgesicherten Menschen. Wenn es ein Bewusstsein gäbe, dass *alle* etwas dazu beitragen würden – und diejenigen in politischer, medialer oder finanzieller Verantwortung in außergewöhnlichem Maße –, dann wäre das alles auch nicht so wild.

BERND Ich will noch eine kleine utopische Sache sagen.

LUISA Ja, bitte.

BERND Ein Freund von mir ist Migrant, Araber, mit einer Deutschen verheiratet, immer Hilfsarbeiter gewesen. In dem Haushalt ist wirklich nicht viel Geld vorhanden. Trotzdem wollen sie sich dem normalen Konsum und dem normalen Alltag nicht gänzlich unterwerfen. Deswegen hat er – obwohl selber eigentlich formal nicht sehr gebildet – beschlossen, sich einer vertieften Koran-Lektüre zu widmen. Er ist nicht fundamentalistisch, sondern macht das, um seinem Alltag eine Spiritualität zu geben. Und seine Frau ist Vegetarierin. Sie macht sich Mandelmilch selbst, weil das preiswerter ist, als sie fertig im Laden zu kaufen. Wenn diese Menschen mehr Ermutigung und vor allem auch mehr Chancen bekämen, kein Leben führen zu müssen, in dem sie praktisch keine Auswahl haben, fände ich das schön.

Im Moment aber kippt uns die Politik, weil sie bei diesem kollektiven Problem zu wenig tut, die Verantwortung in die Privatgemächer, und alle fangen an, sich unter diesem Druck zu streiten. Deshalb muss die Politik sich ändern, damit wir alle wieder entspannter miteinander umgehen können und nicht die ganze Last des Weltuntergangs in unseren Kühlschränken lagert.

LUISA Und andersrum würde ich sagen, dass diese herkömm-
liche Politik ganz schnell etwas Ideologisches hat. Ich finde
es hart ideologisch, wie irgendwelche Markt-Fundamenta-
list:innen und fossilen Kapitalist:innen mir ihren Reichtum präsentieren. Oder mir Fleisch-Ideolog:innen erklären,
dass ich mich falsch ernähre und dass vegane Ernährung
nicht gut für meine Haare sei, während sie ihr Steak essen.
Ich würde gern weniger missioniert werden von der Werbung, von Fleischesser:innen oder von der Modebranche
oder der Autoindustrie, die mir sagt, dass ich nicht wirklich jung und frei sein kann ohne mindestens einen Mini-
Cooper. Du hast das mal in einem Text geschrieben: Ein
Grundproblem des Veganismus ist, dass er im besten Falle
eine sehr gelassene Einstellung gegenüber ökologischer Ernährung bedeutet, viele Menschen aber genau das nicht
hören wollen. Dann sagt man lieber: »Oh, das könnte ich
nicht«, statt zu sagen: »Ah, spannend. Erzähl mal, wie hast
du das gekocht?«

BERND Es geht darum, die materielle Seite von allem, was wir
tun, zu reduzieren. Alles andere, wie wir zusammenleben,
wer mit wem schläft, was jemand denkt, welche Musik er
hört, ob er gar keine Musik hört, ist egal. Wenn die Anders-
artigkeit der Leben von ihrer materiellen, ihrer zerstöreri-
schen Seite befreit wird, dann wird sie aufblühen.

LUISA Ich hoffe, wir entdecken eine Art eigenständigen Über-
lebensdrang in uns. Ich würde gerne das Gefühl haben, in
einer Gesellschaft zu leben, die nicht von einer Krise in die
nächste schlittert, sondern vorausschaut und Krisen sieht,
sie rechtzeitig entschärft, sodass die meisten sie gar nicht
mehr mitbekommen. Ich möchte sehen, dass es vorangeht.
Dieses Gefühl ist gerade sehr schwer zu haben, wenn wir
nicht zufällig gerade eine Klimaklage vor dem Verfassungs-

gericht gewinnen. Selbst meine Großmutter – sie ist die reflektierteste Frau, die ich kenne – schlägt die Zeitung an manchen Tagen nicht mehr gerne auf, weil sie sich denkt: »Was kommt da noch alles auf uns zu? Und wieso? Und warum gibt es keine politischen Antworten?« Ich glaube, sie wünscht sich das Gefühl herbei, die Dinge einfach so laufen lassen zu können. Weil sich jemand kümmert. Weil jemand die Verantwortung übernommen hat. Das ist doch der Vertrag, den man mit dem Staat eingeht. Verantwortung abgeben, sich geborgen fühlen, genau das ist etwas, was ich gerne erleben würde. Für dieses Gefühl setzen wir Himmel und Hölle in Bewegung.

BERND Waren das jetzt deine oder meine Utopien?

LUISA Nein, das waren die Pläne, für die Utopien brauchen wir noch ein zweites Buch.

17. EINE MIKRO-UTOPIE

BERND Was machst du, wenn der Klimakampf gewonnen ist?

LUISA Ich schlafe aus. Und dann lerne ich Basketball spielen und kümmere mich um Frauenrechte.

BERND Worin bestünde denn überhaupt euer Erfolg, wie würde man ihn messen?

LUISA Zum Beispiel darin, dass die Kohlendioxid-Konzentration in der Atmosphäre anfängt zu sinken, und die Liste der bedrohten Arten wieder kürzer wird. Das wäre schon was. Dann wäre ich bereit, ein paar Körbe zu werfen.

BERND Ist das in Sicht, also ein Erfolg?

LUISA Noch nicht, aber wir sind dran. Was machst du dann?

BERND Ich schreibe dann nur noch über Sachen, die einen nicht so existenziell fordern, Parteipolitik oder sowas. Und ich würde nach Griechenland fahren, mit einer europäischen Schnellbahn. Vielleicht werde ich irgendwann auch so ein Mensch, der jeden Morgen früh aufsteht, um Vögel zu beobachten. Wirkt alles nicht, als sei es in greifbarer Nähe.

LUISA Stimmt. Aber es war auch nicht sehr wahrscheinlich, dass wir Menschen es schaffen würden, in nur 150 Jahren den Planeten so zuzurichten, dass wir jetzt Existenzfragen besprechen müssen.

BERND Am Ende wirst du doch noch Körbe werfen.

ANMERKUNGEN

1 https://wan-ifra.org/2018/12/new-report-publishers-increasingly-counting-on-native-advertising/, letzter Zugriff: 21.05.2021.
2 https://theintercept.com/2019/04/03/branded-content-fossil-fuel-companies/, letzter Zugriff: 21.05.2021.
3 https://www.oneearth.org/our-mission/, letzter Zugriff: 21.05.2021.
4 https://taz.de/Forscherin-ueber-Klimakrise-und-Rassismus/!5701838/, letzter Zugriff: 21.05.2021.
5 https://www.opensocietyfoundations.org/publications/klima-gewinnt/de, letzter Zugriff: 21.05.2021.